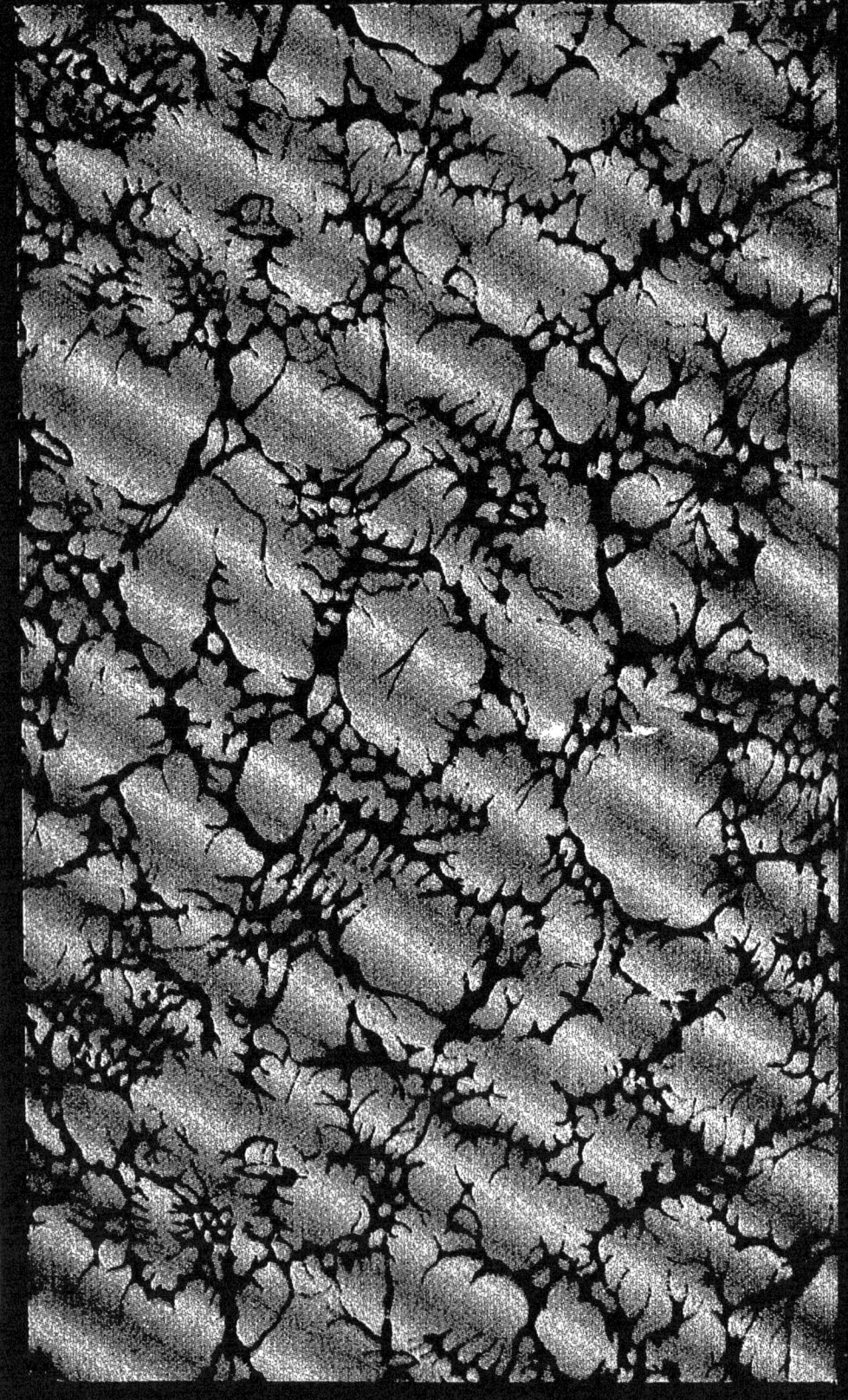

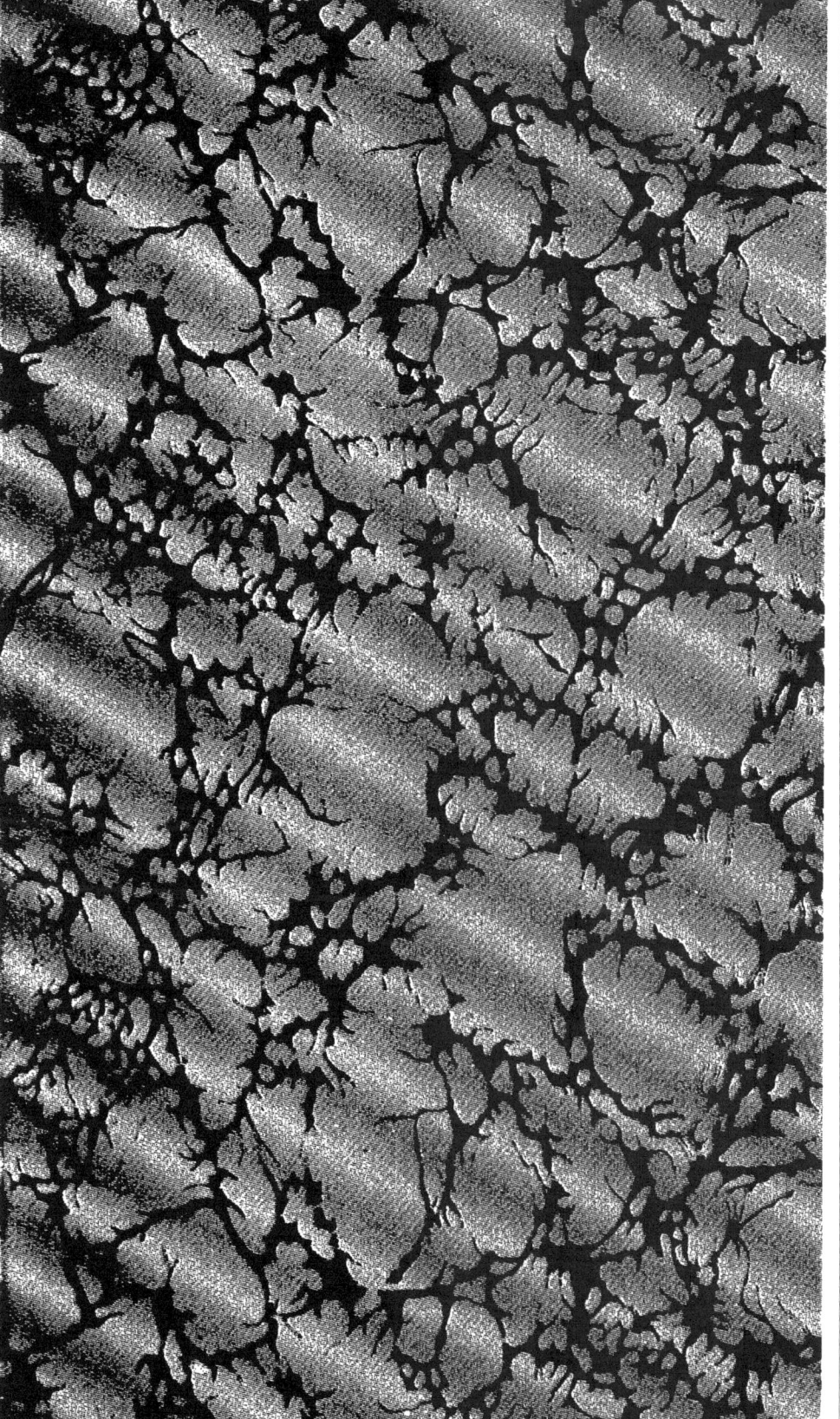

Reliure Devel 1985

ALAIN LE GRAND

SIRE D'ALBRET

Coulommiers. — Typographie ALBERT PONSOT ET P. BRODARD.

ALAIN LE GRAND

SIRE D'ALBRET

L'ADMINISTRATION ROYALE ET LA FÉODALITÉ DU MIDI

(1440-1522)

PAR

ACHILLE LUCHAIRE

Ancien élève de l'École normale supérieure
Agrégé d'histoire, docteur ès lettres

PARIS
LIBRAIRIE HACHETTE ET Cⁱᵉ
79, BOULEVARD SAINT-GERMAIN, 79

1877

ALAIN, SIRE D'ALBRET

INTRODUCTION

Transformation de la France féodale en France monarchique, à la fin du xv⁰ siècle et au commencement du xvi⁰. — Détails précieux que peut fournir sur cette révolution l'histoire approfondie des provinces, des villes et des maisons seigneuriales. — Intérêt que présente, à ce point de vue, l'histoire de la maison d'Albret, sous la seigneurie d'Alain, dit le Grand.

Dans l'histoire politique de notre pays, il est un événement capital sur lequel insistent avec raison nos publicistes et nos historiens, mais qu'ils n'ont jusqu'à présent étudié qu'à la surface : la transformation de la France féodale du xv⁰ siècle en France monarchique ; l'établissement définitif du pouvoir absolu et centralisateur de la royauté sur toute l'étendue du territoire soumis jadis à mille souverainetés indépendantes. Comment le royaume encore si divisé et si troublé de Charles VI est-il devenu, sous François I⁰ʳ, ce pays d'obéissance passive où l'empereur Maximilien voyait un souverain « régnant plutôt sur des moutons que sur des hommes? » Problème curieux dont l'étude réclame une connaissance approfondie de cette période de transition qui commence lorsque notre monarchie sort triomphante de la guerre anglaise, pour se terminer au moment où la France se lève contre la colossale puissance de Charles-Quint (1453-1521).

Il est certain que l'origine de cette transformation remonte à l'époque même où le pouvoir royal s'est constitué en se dégageant de l'enveloppe féodale, c'est-à-dire au règne de Louis-le-Gros. Déjà il serait possible de constater sous Philippe-Auguste la diminution de l'autorité seigneuriale, dans certains fiefs, au profit de la royauté. Ce changement, accompli et précipité par le zèle presque fanatique des gens du roi et des légistes, s'accentue bien plus nettement avec saint Louis et surtout avec Philippe le Bel sous lequel la royauté prend un caractère d'absolutisme singulièrement prématuré. Mais, d'autre part, on ne peut douter que les fautes de la dynastie toute féodale des premiers Valois et la profonde désorganisation causée par la guerre de Cent ans, n'aient suspendu l'œuvre commencée et même anéanti en grande partie les résultats déjà obtenus. Durant le xive siècle et la première moitié du xve, on voit non seulement la nouvelle féodalité des princes apanagés se former sur les débris de l'ancienne, mais aussi l'autorité du roi, compromise par la guerre étrangère et la guerre civile, abandonnée même de ses représentants, reculer devant la puissance seigneuriale et perdre presque tout le terrain conquis. Il y eut donc, sous les derniers Valois de la branche aînée, une seconde phase du travail monarchique, période importante à connaître et que plusieurs ouvrages de valeur ont commencé à élucider.

Les règnes de Charles VII, de Louis XI et de Charles VIII ont été récemment l'objet de monographies consciencieuses et intéressantes. Les épisodes les plus marquants de ces règnes ont aussi donné lieu à des études spéciales; c'est ainsi que la science contemporaine a mis en lumière la vie et les procès de Jeanne Darc, l'histoire de la maison de Bourgogne, les institutions de Charles VII, les rapports de Louis XI avec l'Italie, etc. Mais il est toujours utile de rappeler que la biographie des souverains ne suffit pas à constituer l'histoire nationale. A-t-on déterminé la part qu'ils ont prise aux grands changements sociaux de leur époque, consulté les écrivains attachés à leur cour, analysé leurs ordonnances et leur correspondance privée, la tâche est loin d'être achevée. Il faut encore savoir quelle forme ces mêmes révolutions ont revêtue dans les provinces et dans les villes; quels obstacles ou quelles circonstances favorables elles y ont rencontrés; en d'autres termes, il est nécessaire de contrôler les résultats de l'histoire dynastique, la seule qui soit chez nous connue et appréciée, par les données de l'histoire locale, source inépuisable de renseignements sur la vie intime du pays.

Personne n'ignore les péripéties de la longue lutte entreprise par les derniers Valois directs contre la féodalité de leur temps; l'histoire de la Praguerie sous Charles VII; de la ligue du Bien public et des deux coalitions féodales qui l'ont suivie, sous Louis XI; de la Guerre folle sous Charles VIII. On sait par quelle politique violente et peu scrupuleuse ces rois sont parvenus à se débarrasser des chefs féodaux les plus insoumis et à les déposséder de leurs domaines héréditaires. Mais peut-on se flatter d'avoir fait ainsi une étude suffisante des idées et des actes qui, substituant partout l'autorité royale à la souveraineté ou à l'influence féodale, aboutissent à la monarchie despotique des Valois-Angoulême? Possède-t-on la connaissance de ce fait dans la variété et la généralité de ses développements? Sait-on comment le pouvoir royal est arrivé à s'implanter dans les cités et les communautés rurales où domina si longtemps l'autorité redoutée du châtelain; quels furent les incidents du combat engagé partout entre les gens du roi et les représentants de la féodalité; par quelle série d'usurpations continues les agents du pouvoir central, membres du conseil royal, magistrats des parlements, juges ordinaires et juges d'appeaux, sénéchaux et procureurs, ont peu à peu supprimé les droits seigneuriaux, envahi les juridictions féodales, annexé les fiefs au domaine et ruiné les feudataires? Sait-on enfin dans quelle mesure la population s'est associée aux officiers royaux pour se soustraire au joug du seigneur? Évidemment toutes ces questions intéressantes réclament encore une solution que les études de détail, éclairées par une critique rigoureuse et par une connaissance suffisante des faits généraux, peuvent seules donner à l'historien.

Les éléments de cette recherche se trouvent dans les annales déjà publiées des provinces et des villes, mais surtout dans nos grandes collections d'archives où tant de trésors gisent encore, sinon inconnus, du moins inexploités. C'est de cette mine féconde que nous avons tiré les documents presque tous inédits sur lesquels a été composé le présent essai. Il ne pouvait s'agir pour nous, on le comprendra sans peine, d'exposer dans tous ses développements le fait si complexe du progrès de l'autorité monarchique en France à la fin du xve siècle ; une semblable étude ne sera abordée fructueusement qu'après la mise au jour d'une série d'ouvrages spéciaux où toutes les formes locales de cette grande révolution auront été examinées. Nous avons pensé qu'à ce point de vue l'histoire d'une importante maison féodale du Midi, envisagée dans ses rapports avec la royauté et l'administration royale, présenterait à la fois le caractère de généralité et la nouveauté de détails qui conviennent à une thèse historique.

Jusqu'ici, en effet, les investigations de nos érudits et les récits de nos historiens ont porté beaucoup plus souvent sur la France du nord et du centre, séjour habituel des souverains, que sur les provinces méridionales. Il serait cependant intéressant et utile de savoir comment la vaste région aquitanique est arrivée à partager le sort des autres parties du territoire et à subir la domination absolue de monarques, qui, résidant presque toujours à Paris ou dans leurs châteaux de la Loire, ne firent que de très-rares apparitions parmi leurs sujets gascons et languedociens. C'est là évidemment que la puissance féodale, fortifiée par un long et constant exercice de ses prérogatives, a dû conserver le plus longtemps l'intégrité de ses droits politiques et résister avec le plus de ténacité aux empiétements de la monarchie et de ses représentants locaux. Or, on peut considérer la maison d'Albret, maîtresse, à la fin du xv⁰ siècle, de la grande vallée de la Garonne et de presque tous les fiefs pyrénéens, souveraine du Béarn et de la Navarre, comme personnifiant la féodalité indépendante de l'Aquitaine. C'est donc la lutte de cette maison avec le pouvoir central que nous allons essayer de mettre en lumière. La longue carrière d'Alain, sire d'Albret (1440-1522), qui vécut sous cinq rois de France et put voir les grands événements préparés au xv⁰ siècle aboutir au commencement du xvɪ⁰, déterminera d'une façon naturelle les limites de notre travail et servira à en constituer l'unité.

Ce feudataire n'apparaît qu'un instant dans l'histoire générale, au début du règne de Charles VIII, lorsque la noblesse coalisée livre à la royauté sa dernière bataille. Caractère peu digne d'intérêt, il n'attire pas sur lui l'attention de la postérité par de grands malheurs, comme Jacques de Nemours, ou par une profonde scélératesse, comme Jean IV et Jean V, comtes d'Armagnac. Au milieu de ces nobles remuants et intraitables sur lesquels s'est appesantie la dure main d'un Charles VII et d'un Louis XI, parmi ces seigneurs fastueux dont Charles VIII et Louis XII s'entourent à Amboise et à Blois pour les entraîner ensuite à la conquête de l'Italie, Alain d'Albret mène une existence retirée, obscure, presque ignorée. Ce n'est ni un ennemi obstiné, ni un courtisan assidu du pouvoir royal. Aussi, put-il traverser plusieurs règnes sans être trop violemment et trop ouvertement inquiété et transmettre à ses successeurs, dont le dernier fut notre Henri IV, la principauté la plus vaste que la féodalité non capétienne ait conservée après Louis XI. Mais l'obscurité relative du personnage, sa longue possession d'une seigneurie indépendante, l'étendue considérable de ses domaines sont précisément des conditions très-favorables à l'examen minutieux des relations de la féodalité et de la royauté, à la fin du xve siècle et au commencement du xvie. Ce n'est pas toujours, en effet, sur les personnalités les plus éclatantes que l'histoire étudie le mieux le jeu libre et régulier des institutions et des forces sociales. Le domaine d'Alain lui survécut; mais s'il ne disparut point, comme tant d'autres souverainetés féodales, dans les grandes tourmentes de l'époque de Louis XI, il n'en sortit pas moins fort amoindri, entamé par les confiscations, transformé, après cinquante années de lutte, par l'action incessante des agents royaux.

Les archives de la famille d'Albret conservées à Pau et les manuscrits de la collection Doat que possède la Bibliothèque Nationale, nous ont permis de rechercher par le détail comment cette transformation s'est accomplie sous la seigneurie d'Alain. En fait, l'indépendance politique de la maison d'Albret, à demi-respectée par les rois lors de l'avénement de ce feudataire, n'est plus que nominale sous son successeur. Dès 1527, le mariage de Henri II, roi de Navarre, petit-fils d'Alain, avec la belle et savante Marguerite, sœur de François Ier, fait passer le fief d'Albret sous la domination presque directe des Valois. Il annonce et prépare une réunion définitive qui n'aura lieu effectivement qu'en 1589, lorsqu'Henri III, roi de Navarre et duc d'Albret, arrivera au trône de France sous le nom de Henri IV [1].

[1]. On me permettra d'exprimer ici toute ma reconnaissance à M. Paul Raymond, archiviste des Basses-Pyrénées, qui a mis si obligeamment à ma disposition, en même temps que les inestimables richesses de son dépôt, toutes les ressources de sa vaste et précise érudition.

CHAPITRE PREMIER

LE SIRE D'ALBRET, SA VIE POLITIQUE, SES RAPPORTS AVEC LES ROIS DE FRANCE.

Origines de la maison d'Albret. — Les prédécesseurs d'Alain. — Portrait de ce feudataire. — Ses domaines. — Amitié qui l'unit à Louis XI. — Mariage de son fils aîné, Jean d'Albret, avec Catherine de Foix, reine de Navarre. — Ambition d'Alain. — Sa conduite inhumaine à l'égard de Charles d'Armagnac. — Il entre dans la coalition féodale de 1487 et prend une part active à la Guerre folle. — Craintes que lui inspire l'avènement de Louis XII. — Il marie sa fille Charlotte à César Borgia. — Son fils, Amanieu, reçoit le chapeau de cardinal : caractère de ce prélat. — Commencement de la disgrâce du sire d'Albret. — Le procès du maréchal de Gié. — Louis XII menace de faire la guerre au roi de Navarre. — Le sire d'Albret, tuteur de son petit-fils, Henri II, sous le règne de François Iᵉʳ. — Ses derniers actes. — Il meurt au château de Castel-Jaloux. — Caractère général de ses relations avec les rois. — Causes principales de la décadence du fief d'Albret, sous la seigneurie d'Alain.

« Le pays qui s'étend de Bayonne à Bordeaux s'ap-
« pelle, en gascon, *las lanas*, en français, les *landes de*
« *Bordeaux*. Il est inculte, stérile et très-peu habité ;
« les villages n'apparaissent que là où un bouquet
« d'arbres ou une source leur a donné naissance ;
« partout ailleurs le terrain n'offre ni agrément ni uti-
« lité. Le parcours en est fort difficile : on enfonce
« dans le sable, ou l'on s'embourbe dans les eaux qui

« le détrempent et en font une boue tenace dont on
« ne voit pas la fin. Passer l'hiver dans un pareil
« pays me paraît chose impossible, d'après ce que j'ai
« vu en plein mois de juin. Ce qui augmente encore la
« fatigue du voyage à travers ces landes, c'est qu'il
« faut chercher la route, obstruée et cachée par d'in-
« terminables champs de tamarins et de fougères.
« Ces plantes et d'autres herbes épineuses font à
« chaque pas broncher les chevaux et leur coupent
« les pieds..... Nous passâmes par Labrit, petite loca-
« lité de quarante à cinquante maisons, où se trouve
« le château de M. d'Albret avec un fort beau bois. »

Le village dont parle Andréa Navagero [1], l'ambassadeur vénitien qui se rendait en 1528 à la cour de François Ier, était le berceau de la famille d'Albret. Perdu au milieu des grandes landes, dans l'étroite mais verdoyante vallée de l'Estrigon, il subsiste encore aujourd'hui sur la route que les voyageurs prenaient, au XVIe siècle, pour aller de Bayonne à Bordeaux. Du château, il ne reste plus qu'une porte gothique, enfouie à moitié dans le sable. Depuis le moyen âge, l'immense plaine landaise, que le soleil brûle en été et que l'hiver transforme en marécage, appartenait presque tout entière aux sires d'Albret. Triste et maigre patrimoine auquel s'ajoutaient, dans la région de l'Adour, les campagnes de Dax et de Tartas, et du côté de la mer, les étangs et les dunes des pays de Seignans, de Marensin, de Maremme et de Born. Mais cette pauvre contrée produisait d'excel-

---

1. Relations des ambassadeurs vénitiens recueillis par Tommaseo, t. I. *Viaggio del Andrea Navagero in Espagna ed in Francia*, 1528.

lents soldats, « légiers de tête, mais bonnes gens d'armes [1]. » On sait quel était le renom de l'infanterie gasconne, au temps de Machiavel, « tout soldat fran-« çais, mais qu'il fût vaillant, on le tenoit pour « Gascon [2]. » La désolation même du pays landais, obstacle insurmontable aux invasions, lui donnait une importance militaire exceptionnelle. Ce désert défendait Bordeaux et la Garonne, mieux que n'eût fait la plus formidable armée. Aussi les seigneurs d'Albret, maîtres d'une position si avantageuse, finirent-ils, après trois siècles d'une existence obscure, par éclipser les plus illustres barons du Midi. Eux-mêmes appelaient fièrement leur maison « le boulevart des autres païs estrangers ennemis du royaume de France [3]. »

Vassaux des ducs de Gascogne [4], puis des ducs d'Aquitaine, protecteurs et bienfaiteurs de l'abbaye de Condom, honorés de charges ecclésiastiques dans l'évêché de Bazas, témoins de toutes les solennités religieuses de l'Aquitaine, unis par des liens de parenté aux vicomtes de Béarn, peut-être même chefs d'une partie de l'armée gasconne durant la première croisade, les sires d'Albret paraissent avoir joué un certain rôle du xe au xiiie siècle, dans tous les événe-

1. Pierre Clément, *Charles VII et Jacques Cœur* (p. 125, *Relation du héraut Berry*).
2. Brantôme (éd. de la Soc. de l'Hist. de France), t. VI, p. 208, 209 et 210. Machiavel, *Ritratti delle cose di Francia*.
3. Bibl. nat., collection Doat, t. CCXXII, f° 330. Lettre à Madeleine de France.
4. Sur l'histoire des sires d'Albret, du xie à la fin du xiiie siècle, voir notre *Notice sur les origines de la maison d'Albret* (Pau, 1873, 45 p.), en tenant compte d'une correction indiquée par la *Revue critique* (19 juillet 1873), relativement à la mort d'Amanieu V, sire d'Albret, qui doit être fixée en 1240.

ments qui ont trait à l'histoire féodale du Midi, et en particulier à celle du sud-ouest. On les voit ensuite prendre part à la croisade des Albigeois et se rallier à la cause catholique. Enfin, leur situation comme feudataires du duché de Guyenne les jette dans la guerre trois fois séculaire des rois anglais et des rois de France. C'est alors que la maison d'Albret apparaît, après celle de Béarn, la plus riche et la plus importante de la Gascogne. Arnaud-Amanieu se vantait auprès du Prince Noir de pouvoir ranger un millier de vassaux sous sa bannière. Rude, belliqueuse, âpre au gain, cette famille féodale justifiait le proverbe : *Convoiteux comme un Gascon*. Elle sut mettre à trèshaut prix les services qu'elle rendit à la dynastie des Valois, lorsque la guerre de Cent ans fit de la Guyenne un des principaux théâtres de la rivalité de la France et de l'Angleterre. Les sires d'Albret eurent l'habileté de quitter à temps la suzeraineté des rois anglais, ducs de Guyenne, pour accepter celle des rois de France. Grâce à la faveur des Valois, leur fortune alla toujours grandissant. Sous Charles V, ils sortent définitivement de leurs genêts et de leurs bruyères, s'établissent, en seigneurs péagers, sur les deux rives de la Garonne, enfin s'allient au sang royal par le mariage d'Arnaud-Amanieu avec Marguerite de Bourbon. De Charles VI, ils obtiennent le comté de Dreux et l'épée de connétable. Charles VII leur donne le comté de Gaure et la seigneurie de Lesparre. Mais ils ont noblement acquis le droit de porter fleurs de lys sur champ de gueules. Plusieurs d'Albret sont morts, pour la cause française, aux batailles de la guerre de Cent ans. Le connétable Charles Ier reste sur le terrain d'Azincourt. C'est en grande partie à la fidélité de Charles II, sire d'Albret, que le roi de France Charles VII doit la soumission de la Guyenne et l'expulsion définitive de l'étranger [1].

D'heureuses alliances avec toutes les grandes familles du Midi vinrent compléter l'œuvre des libéralités royales; et pour la rendre encore plus solide et plus durable, Charles II, consacrant par un acte solennel une vieille coutume de la maison, décréta, en 1456, que la seigneurie et le domaine d'Albret ne pourraient être démembrés ni aliénés, mais seraient transmis de mâle en mâle par ordre de primogéniture : constitution dont ses trois fils Arnaud-Amanieu, sire d'Orval, Jean, vicomte de Tartas, et Charles, sire de Sainte-Bazeille, durent jurer le maintien.

Ainsi se forma une souveraineté féodale qui atteignit sa plus grande extension, à la fin du xve siècle, sous la seigneurie d'Alain, petit-fils et successeur de Charles II [2].

Alain le Grand, sire d'Albret, était né vers 1440 [2], dans le diocèse de Saint-Brieuc [3]. Issu d'un père

---

1. La grande majorité des documents relatifs à la maison d'Albret, pendant le xive et le xve siècles (prem. moitié), subsiste encore inédite, aux archives des Basses-Pyrénées. Pour les imprimés, il faut consulter, outre Froissard, les résumés de l'Art de vérifier les dates et du P. Anselme, Montlezun, *Histoire de la Gascogne* (Auch, 1847), t. III et suiv.; Samazeuilh, *Histoire de l'Agenais, du Condomois et du Bazadais*, t. I : deux livres utiles, bien que faits sans méthode ni critique; enfin, l'*Histoire des ducs de Bourgogne* de M. de Barante, et l'*Histoire de Charles VII*, de M. Vallet de Viriville.

2. Archives des B.-Pyr. E. 95. (Déposition d'Alain au procès du maréchal de Gié.) Il a 63 ans en 1504.

3. *Ibid.*, E. 86. Dispense du pape Innocent VIII pour le mariage d'Alain et de Françoise de Bretagne. (Confirmation.)

gascon[1] et d'une mère bretonne[2], il était dépourvu de la vivacité et des dehors brillants qui caractérisent les Méridionaux, sans posséder les qualités solides des gens du Nord. Son extérieur lourd et grossier, son regard farouche et dur, sa figure toute couperosée[3], lui donnaient plutôt l'aspect d'un chef de soudards que du représentant d'une grande famille féodale. De plus, comme son bisaïeul le connétable, il était boiteux et de petite taille[4], défauts physiques qui paraissent héréditaires dans la maison d'Albret. Quand il fut en âge d'être pourvu, son grand-père lui donna la seigneurie de Rions, en Bordelais[5], et, en 1456, le maria à Françoise de Blois, héritière de cette famille de Blois-Bretagne qui avait si longtemps combattu la maison ducale des Montfort[6]. Le châtelain de Rions devint alors, du chef de sa femme, un puissant feudataire dont l'autorité s'exerçait, en concurrence avec celle des sénéchaux de Périgueux et de Limoges, sur une des plus belles parties du plateau central. Comte

1. Jean, vicomte de Tartas, fils du sire d'Albret, Charles II, mourut avant son père, le 3 janvier 1467.
2. Catherine de Rohan, fille d'Alain IX, vicomte de Rohan et de Léon.
3. Dom Morice, *Hist. de Bretagne*, année 1487, d'après Jaligny; détails reproduits par Cherrier, *Hist. de Charles VIII*, t. I, dans son récit de la guerre de Bretagne.
4. Palma Cayet, *Chronologie septennaire*, p. 37, dit de Catherine de Bourbon, sœur d'Henri IV : « Qu'elle avait une jambe un peu courte, qui est une note de ceux d'Albret, comme estait Alain, sire d'Albret, etc. » Le connétable d'Albret, Charles Ier était, lui aussi, de petite taille, faible et boiteux (de Barante, *Hist. des ducs de Bourgogne*, t. II, p. 42).
5. Arch. des B.-Pyr. E. 69. Contrat de mariage d'Alain d'Albret et de Françoise de Bretagne. Une des clauses assure à Alain de Lebret la seigneurie de Rions. (Département de la Gironde, arrondissement de Bordeaux.)
6. *Ibid.*, et en outre E. 71 et 648.

de Périgord et vicomte de Limoges, il alla résider au château de Montignac, manoir pittoresque, qui domine la gorge verdoyante de la Vézère. Mais le domaine de la maison de Blois comprenait des terres plus éloignées où Alain n'apparut pas souvent ; tels étaient les fiefs normands d'Aumenèche et d'Écouches, certaines localités du pays de Penthièvre, et surtout la seigneurie d'Avesnes et de Landrecies, riche propriété relevant du comté de Hainaut.

Louis XI, qui aimait à tenir sous sa main, comme otages, les jeunes héritiers des grands fiefs français, voulut que le comte de Périgord fût *nourri* auprès de sa personne [1]. Alain dut donc abandonner, sans doute plus souvent qu'à son gré, ses résidences seigneuriales de Montignac, de Ségur et d'Excideuil pour accompagner le roi dans ses voyages ou se reposer avec lui à Montils-les-Tours et au Plessis-du-Parc. « Je suis et serai toujours votre bon compère, » disait plus tard le sire d'Albret à Louis XI [2]. L'amitié du souverain valut à notre feudataire une forte pension, une compagnie de gens d'armes, un grand commandement militaire dans les provinces du centre et la direction d'une campagne dans le duché de Bourgogne et la Franche-Comté en 1470 [3]. Il est vrai que le roi se préparait ainsi contre son frère, nouvellement créé duc de Guyenne, un allié sur la fidélité duquel il pouvait compter.

---

1. Arch. des B.-Pyr. E. 84. (Entrevue d'Alain et du duc de Guyenne).
2. Bibl. nat., série des titres, 2811. Lettre adressée à Louis XI par un officier d'Albret (1471).
3. E. 652. Bibl. nat., série des titres. Quittance d'Alain, du 21 juin 1471.

Le père d'Alain, Jean, vicomte de Tartas, était mort en 1467 ; son grand-père, Charles II, succombe à son tour en 1471, et le comte de Périgord est appelé, par la loi constitutive de la maison, à hériter des titres et des vastes domaines des sires d'Albret. Alain se trouve donc posséder, dans la région girondine, des châteaux et des péages sur tous les points importants du cours de la Garonne, depuis Bordeaux jusqu'à Agen. Une partie du Bazadais lui est soumise avec Castelmoron et surtout Casteljaloux, où tous ses ancêtres, de père en fils, se font enterrer sous l'habit de saint François. C'est le Saint-Denis des sires d'Albret. Plus au sud viennent les possessions landaises, les vicomtés de Dax et de Tartas, la seigneurie de Labrit et les cantons maritimes dont nous avons déjà parlé. Mais là, l'autorité féodale est en lutte avec celle du sénéchal des *Lanes* établi, pour le roi, aux deux siéges de Dax et de Saint-Sever. Dans la région gasconne, Alain est encore maître de la partie du Condomois où se trouve Nérac, la vieille ville romaine, devenue la résidence principale des sires d'Albret depuis le commencement du xive siècle. Il détient même un coin de la vallée du Gers, entre Lectoure et Auch ; c'est le comté de Gaure, enclavé dans les terres du comté d'Armagnac, et qui a le bourg de Fleurance pour capitale. Enfin, la seigneurie de Saint-Sulpice en Albigeois, le comté de Dreux avec ses magnifiques forêts et ses vastes champs de blé, plusieurs hôtels à Bordeaux et à Paris, achèvent de faire du sire d'Albret un des plus riches propriétaires du royaume.

Alain recueille sans trop d'obstacle cette belle succession féodale. Son cousin, Jean, sire d'Orval, voudrait lui enlever le comté de Dreux ; mais un coup de main rapidement exécuté met le nouveau sire d'Albret en possession du château de Dreux [1]. Son oncle, Charles, sire de Sainte-Bazeille, essaye non moins vainement de se faire prêter hommage par les gens de l'Armagnac et des Landes [2]. Alain parcourt les terres d'Albret et reçoit les serments des consuls qui partout viennent en procession au-devant de lui, avec croix et bannières [3]. Le frère de Louis XI, Charles de Guyenne, dont les préférences sont pour le sire de Sainte-Bazeille, n'ose pourtant s'opposer à l'installation d'Alain, mais il le mande auprès de lui, et tâche de gagner à sa cause, en le détachant de celle du roi, ce nouveau vassal si influent dans le Midi : « Mon « cousin, lui dit-il après avoir reçu son serment féo- « dal, il pleust au roy, en me bailhant ma duché, me « laisser vostre grant père (que Dieu pardoint) pour « homme et pour vassal. Mesmement pour ce que la « succession de luy vous est advenue et que vous « estes ung des grans de mes pays, j'entens et vueilh « que vous soyés à moi et de ma maison et que vous « me serviez et je vous traiteray en manière que vous « serez bien content. » Alain lui répond sans hésiter : « Monseigneur, je vous serviray en ce que je pourray,

---

1. Arch. des B.-Pyrénées, E. 156. Procès-verbal de la prise de possession du comté de Dreux.
2. E. 84. « Ledit monseigneur de Saincte Bazeille se pourtait seigneur de Lebret et se vantait de faire l'ommaige à mondit seigneur de Guyenne, etc. »
3. Bibl. nat., série des titres, 2811. Lettre adressée à Louis XI par un officier d'Albret (1471).

« ainsi que suis tenu de faire, mais d'estre de vostre
« maison, monseigneur, je ne puis, car je suis au roy,
« qui m'a nourry et fait beaucoup de biens et d'hon-
« neurs, mais toutefoiz, monseigneur, je vous mercie
« des biens que me promettés[1]. »

Le sire d'Albret n'attendit pas longtemps la récompense de sa fidélité. Lorsque la mort étrange du duc de Guyenne eut permis à Louis XI de venir faire bonne et prompte justice des rébellions féodales du Midi, les seigneurs qui restaient dévoués à la royauté bénéficièrent de la perte des autres. On sait quelle fut la fin tragique de la maison d'Armagnac. La famille d'Albret se trouva elle-même compromise dans la révolte du comte Jean V et la trahison qui enleva Lectoure aux troupes royales en 1473. La grand'mère d'Alain « aymoit messire Jean d'Armagnac comme « elle faisait ses enfants » et elle avait « mené grand deuil » quand ce seigneur fut une première fois chassé de sa capitale et obligé de quitter le royaume. Son fils, le sire de Sainte-Bazeille, partageait ses sentiments à l'égard du comte. Nul doute qu'il n'ait préparé ou facilité le coup de main qui rendit Jean d'Armagnac maître de Lectoure, et Pierre de Beaujeu prisonnier dans la ville, avec une partie de l'armée de Louis XI. A coup sûr madame d'Albret « se montra plus joyeuse de la prise de Lectoure que courroucée. » Néanmoins la mère et le fils essayèrent de donner le change aux

---

[1]. E. 84. *Instructions baillées à monseigneur de Pompadour et à Jehan des Cars pour remonstrer au Roy par monseigneur de Lebret les chouses qui s'ensuivent.* (9 novembre 1471.) Cette pièce importante, résumée par Duclos dans son *Hist. de Louis XI*, se trouve copiée dans la collection Legrand, t. XI, f° 242.

gens du roi. Celle-là envoya au sire de Beaujeu, pour charmer ses loisirs de prisonnier, « deux livres contenant, l'un la vie des saints et l'autre ung traité d'histoire. » Celui-ci feignit de se croire captif comme Beaujeu et les autres. Mais personne ne s'y trompa. Il allait et venait sans gardes et s'entretenait tous les jours « avec messire Jean d'Armagnac, soit à l'église, soit à son logis [1]. » Aussi, après la reprise de Lectoure et les sanglantes exécutions qui suivirent, le sire de Sainte-Bazeille, tombé entre les mains de Louis XI, fut-il envoyé au château de Poitiers où on « l'enferra avec une grosse chaîne de fer de cinq pieds de long, deux gros anneaux et quatre boucles de fer [2]. » Le Parlement de Bordeaux, transféré alors à Poitiers, instruisit son procès, le reconnut coupable de trahison et de lèse-majesté, et le condamna à être décapité.

La maison d'Albret eut donc à subir pour sa part le sort commun à toutes les autres races féodales que frappèrent sans pitié Charles VII et Louis XI. On ne sait si Alain intercéda en faveur de son oncle auprès du tout-puissant monarque. Il se montra du moins « fort déplaisant des cas que ledit sire de Sainte-Ba- « zeille avoit advisés, commis et perpetréz. » Louis XI reconnut que le sire d'Albret n'était en rien responsable du crime de son parent et lui fit présent des terres et seigneuries que laissait le condamné. C'est ainsi que les bourgs populeux et commerçants de

---

1. Bibl. nat., coll. Legrand, t. XXI, f° 57. Procès de Charles d'Albret, témoignage de Pierre de St-Romain, son écuyer, dit Talorges.
2. Série des titres, dossier d'Albret. Quittance de Jean-Roques Claveur, serrurier de Poitiers (13 avril 1473).

Sainte-Bazeille, de Gensac, de Vayres et de Puynormant vinrent compléter le domaine déjà considérable des sires d'Albret dans le val de la Garonne [1].

Alain en prit possession avec cette avidité sans scrupule qui resta un des traits marquants de son caractère. La faveur dont il jouissait s'accrut d'autant et, en 1475, il fut chargé de commander l'armée qui devait opérer dans le Guipuzcoa et la Biscaye contre les troupes castillanes. Mais Louis XI, qui se fiait peu aux talents militaires de son « amé et féal cousin, » lui avait adjoint en sous-ordre des hommes de guerre éprouvés, comme Odet d'Aydie et Ivon Dufou. Une tentative infructueuse pour prendre Fontarabie, un léger succès au bourg de Renteria, action dont le sire d'Albret envoya un récit pompeux à Louis XI, enfin la conclusion d'une trêve avec la Castille, furent les seuls faits notables de cette campagne d'un an [2]. A peine Alain était-il de retour à Saint-Jean-de-Luz, qu'il eut à se transporter dans le nord où le roi faisait envahir le Hainaut. Louis XI espérait que le sire d'Albret n'aurait qu'à apparaître pour enlever aux Bourguignons l'importante place d'Avesnes dont il était le seigneur. Mais les bourgeois refusèrent d'ouvrir leurs portes et le monarque, toujours défiant, s'impatienta : « Monsieur d'Albret, écrivit-il, dissimulera tant qu'il

---

1. *Archives historiques de la Gironde*, t. VI, n° 199. Lettres de Louis XI, donnant à Alain, sire d'Albret, les terres confisquées sur le sire de Ste-Bazeille. (Amboise, juin 1473.)

2. Sur cette guerre de Biscaye : Arch. des B.-Pyr. E. 76 et 77. (Lettre du sire d'Albret à Louis XI, relative au combat de Renteria, publiée in extenso dans l'*Inventaire* de M. Paul Raymond, série E); Çurita, *Anales de la Corona de Aragon* (1610), lib. XIX, t. IV, p. 250, 251, 253, 256.

« voudra de prendre Avesnes : il semble qu'il le fasse
« pour épargner la place ; mais je vous assure que s'il
« attend que je m'en approche, je la lui chaufferai si
« bien d'un bout à l'autre qu'il n'y faudra point reve-
« nir » (1476). En réalité cependant, le sire d'Albret
n'y pouvait rien. Il eut dans cette circonstance le
double malheur d'indisposer le roi et de voir sa seigneurie horriblement ravagée par les gens de guerre,
ses compatriotes [1].

Le mécontentement de Louis XI dura peu. En donnant pour époux à sa sœur Marie d'Albret le capitaine
italien Boffile de Juge, que la volonté royale avait fait
vice-roi du Roussillon et comte de Castres (1480),
Alain se ménageait la bienveillance du monarque en
même temps qu'un point d'appui solide dans le Languedoc [2]. Aussi fut-il désigné, en 1483, pour aller,
avec d'autres grands seigneurs, chercher à la frontière des Pays-Bas la jeune princesse Marguerite, fille
de Maximilien d'Autriche, l'épouse destinée au dauphin Charles. Un mois après avoir assisté aux fêtes
de fiançailles célébrées à Amboise [3], il recevait dans
son château de Nérac [4] où il comptait se reposer tout

---

1. Sur cette guerre du Hainaut, voir la coll. Legrand, t. XXII,
f° 24, t. XXV, f° 123 et 126 ; et de Barante, *Hist. des ducs de Bourg.*,
t. VII, p. 292, 296.

2. Arch. des B.-Pyr. E. 81. Contrat de mariage de Bouffile de
Juges, comte de Castres, avec Marie d'Albret, daté du 23 août 1480.
Sur cet aventurier Lombard, voir dom Vaissète (*Hist. de Languedoc*), T. V, années 1469-97 ; Henry, *Histoire du Roussillon* (Paris, 1835),
2ᵐᵉ partie, p. 138, 144, 170, 169 ; Bibl. nat., coll. Legrand, t. XXV,
f° 385, et XXVI, f° 350 ; enfin, Arch. des B.-Pyr. E. 84 (plusieurs
lettres de Bouffile à Alain), et E. 144-148.

3. Commines (éd. Dupont), t. III. Preuves, p. 245.

4. *Arch. hist. de la Gironde*, t. VI, n° 3. Lettres de M. de Pompadour à Alain, sur la mort de Louis XI. (30 août 1483.)

l'hiver, les premières nouvelles de la mort de Louis XI (30 août 1483).

Cet événement, qui fit revenir précipitamment le sire d'Albret sur les bords de la Loire, pouvait modifier gravement sa situation. Pour échapper à la réaction qui menaçait d'envelopper dans une même disgrâce tous les amis de Louis XI, il lui fallait se concilier la bienveillance du nouveau roi et de sa sœur Anne de Beaujeu. Il s'empressa donc d'aller saluer Charles VIII à Amboise [1], où il rencontra beaucoup d'autres « compères » du roi défunt, notamment Philippe de Commines, avec lequel il entra en relations d'intérêt [2]. Puis il vint prendre sa place aux Etats généraux réunis à Tours (janvier et février 1484). C'étaient le comte de Comminges et lui qui représentaient surtout la haute féodalité dans la nation aquitaine. Nommé membre du conseil que les Etats imposèrent à Anne de Beaujeu, il trouva l'occasion de donner un gage à l'opinion ennemie de Louis XI, en défendant Charles d'Armagnac et sa maison, dans la fameuse séance où celui-ci, après un récit pathétique des souffrances de sa longue captivité, se prit de querelle avec Dammartin [3]. Mais la pitié qu'Alain témoignait au malheureux prince n'était rien moins que désintéressée. On vit bientôt pourquoi le sire d'Albret payait les dettes que le prisonnier avait faites à la Bastille et rachetait le comté d'Armagnac que Pierre

---

1. Archives des B.-Pyr., E. 156.
2. *Ibid.* Nous reviendrons sur ce fait au chap. II.
3. Masselin. *Journal des États généraux de 1484*, dans la *Collection des documents inédits*, p. 5, 101, 103, 225, 311.

de Beaujeu et sa femme avaient saisi pour se dédommager des pertes subies par eux au siége de Lectoure. Alain voulait devenir comte d'Armagnac; Charles, aussi dépourvu d'argent que de raison, lui vendit sa seigneurie pour 15 000 écus d'or [1].

Au même moment le territoire et la puissance de la maison d'Albret recevaient un accroissement inespéré. La princesse de Viane, Madeleine de France consentait à marier sa fille Catherine, l'héritière du comté de Foix et du royaume de Navarre, avec le fils aîné d'Alain, Jean d'Albret. Elle avait eu, un instant, l'intention de prendre pour gendre un infant d'Espagne; mais les amis du sire d'Albret lui avaient fait remarquer que, cet infant étant seulement âgé de quatre ans, le gouvernement de la Navarre et des pays de la maison de Foix tomberait entre les mains de Ferdinand le Catholique, ennemi de la France, et que, par conséquent, Charles VIII verrait cette union de fort mauvais œil [2]. D'ailleurs de fréquentes alliances avaient depuis longtemps établi des liens étroits entre les maisons de Foix et d'Albret. Le sire d'Albret comptait beaucoup d'amis et de partisans dans le royaume de Navarre et pouvait, en cas de révolte des Navarrais, employer ses bandes gasconnes à les réduire. Pour ces différents motifs, le mariage d'Albret

---

1. Sur cette vente, voir divers documents de la collection Doat (Bibl. nat.), t. CCXXII, f° 268, 276 et 291, et le résumé de l'*Hist. du Languedoc*.

2. Bibl. nat., coll. Doat, t. CCXXII, f° 330. Instruction à M. l'Escuyer de ce qu'il avait à dire à Mme Magdeleine de France, princesse de Vianne, sur le mariage de Catherine, reine de Navarre, sa fille, avec Jean d'Albret. Cf. *Hist. du Languedoc*, v, p. 70.

fut préféré. L'événement était heureux non-seulement pour Alain, mais pour la royauté française qui échappait ainsi au danger d'avoir le roi d'Espagne établi comme feudataire, aux portes de Bordeaux et de Toulouse. Charles VIII écrivit à Madeleine de France « qu'il trouvait bien consonnant le mariage de sa cou- « sine, la royne de Navarre, avec son cousin le vi- « comte de Tartas, aisné fils du sire d'Albret, qui est « beau-fils et grant seigneur [1]. »

Alain se rendit à Orthez pour y célébrer les fiançailles [2], fier de l'éclat que ce mariage royal jetait sur sa famille et sur lui-même. Par le fait, cette réunion des domaines de la maison de Foix à ceux de la seigneurie d'Albret étendait son influence au Midi presque tout entier. Aux territoires que nous avons mentionnés allaient s'ajouter, dans la vallée de l'Adour, les vicomtés de Tursan (Aire et St-Sever), de Marsan (Mont-de-Marsan et Grenade) et de Gabardan (Gabaret); dans la région pyrénéenne, la seigneurie de Béarn (Pau, Orthez, Oloron), le comté de Bigorre (Tarbes et Bagnères), le comté de Foix (Foix, Saverdun, Mazères), enfin la Navarre espagnole (Pampelune) et française (St-Jean-Pied-de-Port). Les terres du sire d'Albret et

---

1. Arch. des B.-Pyr. E. 543. Lettre de Charles VIII à Magdeleine de France (Amboise, 9 sept. 1484), à la reine de Navarre et à Monsieur de Lautrec. Voir aussi dans la collection des documents inédits relatifs à l'Hist. de France, les *Procès-verbaux des séances du conseil de régence du roi Charles VIII, pendant les mois d'août 1484 à janvier 1485*. Paris, 1836, p. 2 (5 août 1484, à Paris, aux Tournelles. Lettres aux trois estatz de Navarre, de Bigourre, de Foix et de Bearn, que le roi a esté adverty du mariage fait de la fille de madame la princesse royne de Navarre et du filz de M. d'Allebret et que le roy a ledit mariage pour agréable.)

2. E. 543. Acte de mariage, du 14 juin 1484.

de son fils constituaient ainsi, des rives de la Garonne à celles de l'Ebre, un groupe féodal compacte, en partie dépendant de la couronne de France, en partie souverain, sorte d'Etat intermédiaire entre les deux grandes nations française et espagnole.

Alain conçut-il, dès lors, la possibilité de créer ce *royaume de Gascogne* que le roi d'Espagne Philippe II, un siècle après [1], promettait de constituer en faveur du roi de Navarre? Il est certain du moins que son ambition, loin d'être satisfaite, s'accrut d'une façon démesurée, et que ses relations avec le roi de France commencèrent à devenir moins amicales.

Il prétend d'abord, à tout prix, rester maître de l'Armagnac, le seul fief important du Midi qui soit demeuré en dehors du domaine d'Albret. La cession qu'en a faite le comte Charles lui paraît, non sans cause, une garantie insuffisante. Il insiste alors, auprès du gouvernement d'Anne de Beaujeu, sur le dérangement d'esprit de l'infortuné Charles d'Armagnac, et la nécessité qui s'impose de lui donner un curateur chargé d'administrer son État. En réalité l'ex-prisonnier de la Bastille, incapable de gouverner le comté, menaçait de tourner comme ses prédécesseurs de triste mémoire, Jean IV et Jean V. Entouré d'étrangers tarés, refusant de voir sa femme et ses parents, prodiguant follement ses revenus et ses domaines, laissant ses favoris voler à leur aise les biens de l'Eglise, il se riait des remontrances que lui adressaient les Etats d'Armagnac [2] et ne respectait même pas, dans ses

1. Comtesse d'Armaillé, *Catherine de Bourbon*, p. 75.
2. Bibl. nat., coll. Doat, t. CCXXIV, f° 102. *Articles présentés au*

accès de colère furieuse, la vie de ceux qui l'approchaient[1]. Par ordre de Charles VIII[2], le Parlement de Toulouse fait une enquête, reconnaît que le comte est « débilité de sens et entendement » et donne l'administration de ses États à son cousin le sire d'Albret (27 novembre 1484)[3]. Celui-ci devait s'engager d'ailleurs à bien régir le comté « sous la main du roi », à rendre « bon compte » du revenu, et à pourvoir convenablement à l'entretien de son malheureux parent.

A peine les juges ont-ils prononcé qu'Alain se saisit des principales places de l'Armagnac, destitue tous les officiers de Charles qu'il remplace par les siens, s'empare des sommes trouvées dans les manoirs seigneuriaux et ordonne à ses soldats de lui amener le comte[4]. Charles d'Armagnac, vieux et malade, est enfermé au château de Casteljaloux, dans une chambre basse qui donne sur un fossé boueux. Le sire d'Albret interdit absolument qu'on le laisse sortir du château, « mesme pour aller à l'esglise ou à l'esbat. » Tous ceux qui viennent le voir sont arrêtés et jetés en prison ; sa femme même, Catherine de Foix, ne peut obtenir la permission de lui parler, et demande vainement à Alain, qui consomme pourtant tous les revenus

---

comte d'Armagnac par les trois Estats dudit pais pour leur estre pourveu sur iceux. Auch, 3 sept. 1484.

1. Ibid., f° 123. Lettres de grâce, données par Charles VIII à Charles, comte d'Armagnac, pour le relever d'un meurtre commis par lui. Montargis, Octobre 1484.

2. Procès-verbaux des séances du conseil de régence, etc., p. 103. (30 sept. 1484.)

3. Doat, f° 128. Arrêt du Parlement de Toulouse. (27 novembre 1484.)

4. Ibid., f° 190.

du comté, les moyens d'existence suffisants pour l'empêcher de « se constituer en mendicité ».

Un cri d'indignation s'élève de toutes parts contre les procédés inhumains du sire d'Albret. Charles VIII finit par s'en émouvoir, et le Parlement de Toulouse ordonne la mise en liberté immédiate du prisonnier (octobre 1485). Mais le commissaire royal, chargé d'aller signifier cet arrêt au château de Casteljaloux, trouve les portes obstinément closes. On répond insolemment à ses sommations ; les archers se mettent à danser, à chanter et à crier sur les remparts pour l'empêcher de lire la sentence. Un sergent de son escorte, se promenant le long du fossé, aperçoit cependant à une fenêtre le comte d'Armagnac qui « crioit et faisoit signe avec les bras qu'on l'allât quérir et qu'on le mît dehors. » Mais quelqu'un vient aussitôt tirer le comte par derrière et fermer la fenêtre de sa chambre. Une nouvelle proclamation du commissaire n'est encore accueillie que par des huées... Il se retire alors après avoir fait jeter « la masse du roy son seigneur dedans « la cloture du portail et crier à haute voix que la « masse du roy était au dit châtel en signe de déso- « béissance » [1].

Alain préludait ainsi à la rébellion ouverte qu'il méditait depuis plusieurs mois. Il négociait déjà avec le duc d'Orléans et les autres grands seigneurs qui organisaient la dernière des coalitions générales dirigées contre la royauté. Ami du roi et soutien du principe

---

[1]. Ces détails sont empruntés à diverses pièces de la coll. Doat, t. CCXXIV, f⁰ˢ 190, 197, 209. Voir le résumé de l'*Histoire du Languedoc*, V, an. 1484-86.

monarchique sous le règne précédent, il allait maintenant se jeter, à corps perdu, et pour quatre ans (1486-1490), dans les hasards périlleux d'une ligue féodale. Voulait-il donc une plus grande indépendance chez lui ou plus d'influence à la cour ? Etait-ce inimitié personnelle pour les Beaujeu, désir de contribuer au salut de la féodalité agonisante ? Non, son avidité seule, comme toujours, était en jeu. Il s'agissait simplement pour lui, d'épouser Anne de Bretagne, l'héritière du duc François II. Les biens de la branche de Blois que lui avait laissés en mourant (1481) Françoise de Bretagne, ne lui suffisaient plus : il lui fallait ceux des Montfort.

Les historiens de la Bretagne et ceux du règne de Charles VIII ont raconté avec détails la part active que prit notre feudataire aux intrigues qui se nouèrent autour de l'héritière bretonne et aux luttes de la Guerre Folle. C'est le seul épisode de sa vie que fasse connaître l'histoire générale : et il faut avouer qu'il apparaît là sous un jour singulièrement défavorable. Veuf, âgé de 45 ans, père de huit enfants, laid et boiteux, il mit à poursuivre la toute jeune duchesse de Bretagne autant d'ardeur que celle-ci en montra à le refuser. La mine rébarbative de ce prétendant suranné lui faisait peur : elle le joua au moins deux fois en épousant d'abord Maximilien d'Autriche, puis Charles VIII. Dans toute cette affaire, malheureusement pour Alain, l'odieux le dispute au ridicule. Battu à Nontron en 1487, il promet humblement au roi de ne plus prendre les armes contre lui, et viole aussitôt la foi jurée. Il court en Espagne, à Valence, pour exciter le Catholique à venir ravager le sol français, puis débarque en Bretagne avec une armée de Gascons, de Navarrais et d'Espagnols dont il ne sait point réprimer les pillages. Plus tard il appelle à son secours l'ennemi national, l'Anglais, qu'il veut opposer aux Allemands de son rival Maximilien. A la bataille de St-Aubin-du-Cormier, il commande le centre de l'armée féodale et s'enfuit un des premiers (1488). Le bruit court qu'il a été tué, ce dont Charles VIII déclare être « très-joyeux ». Mais il arrive sain et sauf à Nantes, qu'il défend encore pendant deux ans contre les troupes royales. Puis voyant qu'Anne de Bretagne ne peut le souffrir, que la plupart des seigneurs ses alliés sont prisonniers ou rentrés en grâce, il songe à sauvegarder sa situation vis-à-vis de la royauté redevenue toute-puissante. En 1490 il trahit brusquement la coalition et livre le château de Nantes au roi de France, ce qui lui permet de garder intact le domaine de sa maison et de terminer à son profit la guerre de Bretagne [1].

Mais sa réputation en sort meurtrie et son crédit fort ébranlé. Mal vu de la nouvelle reine, suspect aux conseillers de Charles VIII, peu fait d'ailleurs pour

---

[1]. Sur la part prise par Alain à la guerre de Bretagne, voir les Hist. de Charles VIII, dans Godefroi: les histoires de Bretagne, surtout celle de dom Morice (et les preuves, t. III, p. 602, 604, 675, 791); Cherrier, *Histoire de Charles VIII*, qui ajoute aux données des auteurs précédents certains détails tirés des archives de Nantes et des papiers de la famille de la Trémoille; Clément Simon, *Alain d'Albret et la succession de Bretagne,* mémoire inséré dans le bulletin du XXXIXe congrès de l'Institut des provinces (Pau, 1873); Çurita, lib. XX, an. 1488, qui raconte les démarches d'Alain en Espagne et donne *in extenso* deux chartes signées de lui; duc de la Trémoille, *Correspondance de Charles VIII avec Louis de la Trémoille, lieutenant-général*, Paris, 1876; enfin les *Arch. hist. de la Gironde*, t. XII, p. 19.

briller à la cour, il ne paraîtra plus que rarement aux fêtes de Blois et d'Amboise. Il est vrai que la situation de ses États, sans cesse menacés par les Espagnols, le retient près des Pyrénées. Peut-être aussi craint-il qu'un séjour continu auprès des rois ne compromette sa position de haut feudataire à demi indépendant. Quoi qu'il en soit, il vivra désormais plus éloigné de la cour qu'il ne convient à un parent des Valois et au maître de tant de seigneuries.

L'expédition d'Italie, qui préoccupe tous les esprits, ne l'intéresse guère. Cependant, en 1494, il laisse la Navarre qu'il venait d'administrer durant une absence de son fils [1], pour rejoindre Charles VIII à Lyon [2] et à Vienne [3]. Un autre de ses fils, Gabriel, sire d'Avesne, faisait partie de la brillante gendarmerie qui allait passer les Alpes. Il fallait que son père l'équipât et l'accompagnât jusqu'aux pieds des monts. Mais, ce devoir rempli, Alain se hâta de revenir dans le Midi où l'attendait, ce qui lui importait par-dessus tout, une nouvelle occasion de s'agrandir. Son beau-frère, Boffile de Juge, se trouvait amené, nous verrons plus tard comment, à deshériter sa propre famille au profit du sire d'Albret (Sept. 1494). Alain ajouta ainsi le comté de Castres à ses possessions (1497).

La mort inopinée de Charles VIII et l'avénement du duc d'Orléans au trône durent causer une assez vive

---

1. Çurita, V, II, 54; Yanguas y Miranda, *Antiguedades del reyno de Navarra* (ann. 1493 et 94); Arch. des B.-Pyr. E. 157.
2. *Négociations diplomatiques de la France avec la Toscane* (I, p. 283).
3. Dom Morice, preuves III, p. 766 et 786 : Rahlenbeck, *Philippe de Commines et la maison d'Albret*, p. 27. Arch. des B.-Pyr. E. 88.

inquiétude au sire d'Albret. Brantôme se trompe sans doute quand il croit trouver dans les prétentions d'Alain à la main d'Anne de Bretagne l'origine de l'antipathie que celui-ci inspira à Louis XII [1]. L'amour romanesque du duc d'Orléans pour la jeune duchesse est du domaine de la légende. Mais il est certain que Louis et Alain s'étaient un jour violemment querellés pendant la guerre de Bretagne, quelque temps avant le combat de Saint-Aubin, et que le duc d'Orléans accusa le sire d'Albret d'avoir voulu l'assassiner [2]. D'ailleurs la sœur de Louis XII, Marie d'Orléans, comtesse d'Étampes, avait épousé Jean de Foix, vicomte de Narbonne, qui, depuis 1483, guerroyait dans le Languedoc pour ravir à la reine de Navarrre, belle-fille d'Alain, la succession de la maison de Foix, dont il se disait le légitime héritier [3]. Le sire d'Albret pouvait donc, avec quelque apparence de raison, redouter le nouveau roi qu'il alla cependant saluer à Paris [4] et au sacre duquel il s'empressa d'assister [5]. Mais il ne tarda pas à reprendre confiance quand il s'aperçut que Louis XII avait besoin de lui.

Désireux de s'établir en Italie et d'obtenir une dispense qui lui permettrait de rompre son mariage avec Jeanne de France pour épouser Anne de Bretagne, le successeur de Charles VIII rechercha, comme on sait, l'alliance du pape Alexandre VI et promit au trop

---

1. Brantôme, t. XI, p. 369. Voir la note de l'éditeur.
2. *Ibid.* Cf. Dom Morice et Cherrier, qui reproduisent le récit de Belleforest. (Annales, f° 428.)
3. *Négociations dipl. avec la Toscane*, 1, p. 194 (Dépêche de Francesco Pandolfini) et p. 492 (dépêche de Nasi, et la note).
4. Rahlenbeck, p. 31.
5. Çurita. T. V, liv. III, n° 25.

fameux César Borgia, avec le duché de Valentinois, la main « d'une sienne prochaine parente » [1]. César était le plus bel homme de l'Italie, mais sa réputation pouvait effrayer et faire reculer les princesses d'Europe les mieux disposées pour le mariage. Le choix de Louis XII et d'Anne de Bretagne tomba (forcément sans doute) sur la maison d'Albret. « Considérans les « louables et recommandables biens et vertutz qui « sont en la personne de madamoyselle Charlotte « d'Albret, fille naturelle et légitime de hault et puis- « sant prince, monseigneur d'Albret, leur proche pa- « rente [2], » ils proposèrent à Alain d'accepter pour gendre César Borgia. On assura au sire d'Albret que « ledit duc de Valentinoys estoit ung très-honneste et « bon personnaige, seur et discret, et pour avoir et « acquérir de grans biens et honneurs en ce royaume [3]. » Alain savait sans doute à quoi s'en tenir sur les qualités de son futur gendre ; mais avant tout il s'agissait de rendre service au roi et à la reine. Du reste, Louis XII donnait aux époux cent mille livres tournois, et le pape Alexandre VI promettait le chapeau de cardinal à l'un des fils du sire d'Albret [4]. Le mariage fut donc célébré en 1499, et la chronique scandaleuse du temps nota les incidents burlesques qui signalèrent la nuit de noces de César Borgia [5]. Mais une pareille union

1. *Arch. hist. de la Gironde*, t. VIII, n° 104. *Mémoire pour messieurs le séneschal des Lannes et Calvymont*.
2. *Ibid*. Contrat de mariage de César Borgia, duc de Valentinois, avec Charlotte d'Albret.
3. *Arch. hist. de la Gironde*, t. VIII, n° 104. *Mémoire pour messieurs le séneschal*, etc., etc.
4. Machiavel, fragments historiques.
5. Les Arch. des B.-Pyr. possèdent un certain nombre de pièces

était encore plus triste que ridicule. Charlotte d'Albret, belle, douce et pieuse fille, qui mourut presque en odeur de sainteté, fut véritablement victime de l'ambition paternelle [1].

Qu'importait au sire d'Albret? Il se conciliait ainsi la faveur royale et voyait son fils chéri, Amanieu, revêtu du cardinalat. Au seizième siècle, cette dignité donnait le droit de prendre une part importante à la politique italienne et aux affaires générales de l'Église et de l'Europe. C'était donc un appoint considérable pour Alain et pour sa maison. Amanieu, homme d'une intelligence médiocre, paraît d'ailleurs avoir exercé peu d'influence sur le sacré collége et sur les papes. Brantôme l'appelle « le grand cardinal d'Albret, » [2] sans doute par respect pour la mémoire d'un homme qui avait possédé, avant lui, l'abbaye dont il porte le nom, et il oublie de le compter parmi les prélats légers et mondains qu'il raille si agréablement. Dissipateur et étourdi, Amanieu s'occupa toujours beaucoup plus de ses plaisirs que des intérêts de sa famille. Quand il ne résidait point à Rome, il menait la vie de

---

relatives au mariage Borgia, E. 104, 105, 107, mais surtout E. 91, dont plusieurs ont été publiées dans les *Arch. hist. de la Gironde* (XVIII). Sur le même point, voir Çurita, t. V, lib. III, 28 et 36, et principalement, l'*Histoire du XVIe siècle en France*, du bibliophile Jacob (t. I, p. 177-181), ouvrage précieux, composé d'après les sources et sur des documents encore inédits aujourd'hui pour la plupart.

1. Sur Charlotte d'Albret, consulter, outre les ouvrages ou documents cités dans la note précédente, Brantôme, II, p. 204; *Hist. de Bretagne*, Taillandier, t. II, supplément aux preuves, p. 254 (Cérémonies observées au couronnement de la reine Anne, 1504); et dans l'*Histoire catholique des hommes et dames illustres par leur piété*, par Hilarion de la Coste, Minime. Paris, 1625, in-f°, l'*Éloge de Charlotte d'Albret, duchesse de Valentinois*.

2. Brantôme, t. III, p. 114.

grand seigneur au château de Montignac ou dans son abbaye de Brantôme [1], chassant au faucon [2], jouant de la flûte [3] et se divertissant avec les belles châtelaines du voisinage. Toujours besoigneux et harcelé par ses créanciers, il envoyait à son père les huissiers qui venaient le poursuivre [4]. Tantôt le sire d'Albret est obligé de payer les marchands de Tours qui ont fourni au cardinal du drap d'or, d'argent et de soie, et veulent saisir sa vaisselle d'argent [5]. Tantôt, il vend des blés pour permettre à ce fils prodigue de faire son voyage à Rome [6]. Amanieu ose même lui demander son argenterie afin de la mettre en gage [7]. Lorsqu'il mourut en 1520, il laissait, avec beaucoup de dettes [8],

---

1. Audierne, *Notice historique sur l'abbaye de Brantôme*, Périgueux, 1842 (p. 55-56).
2. Arch. des B.-Pyr. E. 104. Lettre du cardinal au sire d'Albret, « il continue tousiours la volerie, et ses oysaulx font des gros meurtres, que c'est merveille. »
3. E. 784. Inventaire des meubles trouvés dans le château de Montignac après la mort d'Amanieu.
4. E. 99. Lettre du cardinal au sire d'Albret.
5. E. 110. Récépissé des marchands tourangeaux, et lettre d'Alain.
6. E. 99. Lettre du cardinal au sire d'Albret : « Monseigneur, j'ay « reçu les lectres qu'il vous a pleu m'escripre par l'omme qu'il vous « a pleu m'envoyer, contenant le debvoir que avez fait pour cuyder « vendre voz bledz pour me subvenir de quecque chose à faire mon « voyage dont par cy devant avez esté adverty que en ay bien « besoing. Et suis bien déplaisant de vous presser si avant. Mais je « vous prie considérer que la nécessité y est grande qu'il est im- « possible de plus. »
7. *Ibid.* « Monseigneur, au regard de ce que m'escripvez de la « vayselle, il me semble que sans vous grever m'en povez subvenir « d'aucune partie. Pour ce, s'il est vostre bon plaisir, vous supplie « ainsi le faire et la m'envoyer par le présent porteur. Et ne fêtes « pas estime de la tenir pour mal employez. Car, j'espère que cong-« noistrez que ne sera pas perdue ensemble des autres biens que « par cy devans vous a pleu me faire. »
8. Archives des B.-Pyr. E. 108. « Mémoire de ce qui est deu par « feu monseigneur le cardinal d'Albret, que Dieu absolve. Primo, à « ses serviteurs, pour leur estat d'une année et demye, leur reste « estre deu, oultre ce qui leur a esté payé par le conseil, 4,500 liv.

deux bâtardes que leur aïeul se chargea de recueillir et d'élever [1].

Bien que ce cardinal peu édifiant n'ait pris qu'une part fort secondaire aux événements contemporains, il accrut néanmoins par son titre l'influence de sa maison, et mit au service de la politique paternelle les nombreux bénéfices dont il fut pourvu. Rien ne peut donner une idée de l'avidité avec laquelle il exploitait la complaisance des papes pour accumuler les évêchés, les abbayes et les pensions. Quoique son revenu montât à plus de 40 000 livres (1 200 000 fr.) [2], à Rome, il se plaignait constamment de son indigence [3], si bien qu'il obtint d'Alexandre VI, de Jules II et de Léon X, comme titulaire ou comme administrateur, la moitié des évêchés du Midi.

Il est vrai qu'il eut à lutter plus d'une fois contre la malveillance des populations, irritées de voir la cour de Rome leur imposer un prélat qui leur était peu

« — A Madame de Mareuil, 200 l. — A monsieur le conseiller Legras, « 300 l. — A messieurs du chapitre de Périgueux, 300 l. — A mon-« sieur le juge d'appeaux, 200 l. — A monsieur le chanoyne de « Vaulx, 200 l. — Au juge de Brantholme, etc., etc., 5 l. — Item, « pour les bastimens de Brantholme et de Montignac, 1,000 l. — Aux « marchands de Nontron, 500 l. — Aux marchands de Saluz, 400 l. « — *A M. de Sainctblancay*, 600 l. — A l'argentier du Roy dont le « Roy de Navarre est pleige, 7,000 l. — A Martial Donon (marchand « limousin), 1,000 l. »

1. Voir le testament d'Alain, E. 112 : « Item, donnons à la bas-« tarde de feu notre filz le cardinal, qui est avecque Madame de « Mareuil, la somme de 3,000 l. t., pour la marier quand sera « d'aage. — Item, ordonnons que l'autre bastarde de notre dit feu « filz, le cardinal, que Raine fait nourir, soit mise en la religion de « St-Pardoulx ou aultre couvent, et lui donnons 400 francs borde-« lais une fois payés. » On voit que le Père Anselme se trompe quand il attribue ces deux enfants naturels au cardinal Louis d'Albret. (*Histoire généalogique*, t. VI, p. 206-222. Généalogie d'Albret.)

2. E. 103, Procès entre le cardinal Amanieu et Jean, roi de Navarre.

3. E. 99. Lettre d'Amanieu au pape Jules II, « mec inopie. »

sympathique[1] ; mais il n'en fut pas moins, réellement ou nominalement, évêque de Bazas, de Condom, d'Oloron, de Lescar, de Comminges, de Pamiers, de Pampelune, de Cambrai ; abbé de la Sauve-Majeure, de Brantôme, du Mas d'Azil, de Saint-Amand, de Saint-Jean de la Castelle ; prieur de Nervis et de Saint-Privat. Le fils du sire d'Albret complétait ainsi par ses terres d'Église, le domaine féodal dont nous avons fait connaître l'étendue ; il exerçait la puissance ecclésiastique sur le vaste territoire que son père gouvernait au temporel.

La première année du seizième siècle marque donc le plus haut point de prospérité qu'ait atteint la maison d'Albret. On voit que, par lui-même et par ses enfants, Alain se trouvait, en réalité, le plus grand propriétaire de France, après le roi : car les États des différentes branches de la maison de Bourbon étaient loin d'égaler les siens en superficie. Un tel feudataire ne pouvait-il pas être tenté de résister au mouvement qui entraînait le pays entier, les terres comme les personnes, vers l'unité monarchique ? Il semble que la royauté ait eu conscience de ce péril. Dès 1504, Louis XII témoigne une froideur marquée au sire d'Albret et le tient à l'écart. Bientôt même, de méfiant il devient hostile ; Alain tombe tout à fait en disgrâce et ne paraît plus à la cour d'où l'exclut formellement la malveillance royale. Louise de Savoie et François Ier, bien disposés en sa faveur tant qu'ils n'ont pas le pouvoir en main, prennent à son égard, dès qu'ils

---

1. Gallia Christiana (1720), t. I, p. 876, 966. 1276.

sont les maîtres du trône, la même attitude ennemie.

La défaveur du sire d'Albret commença avec le procès du maréchal de Gié, Pierre de Rohan (1504), accusé du crime de lèse-majesté, et coupable surtout, à ce qu'il paraît, de s'être attiré la haine d'Anne de Bretagne. Alain, également peu sympathique à la reine, se trouva impliqué dans les propos imprudents que tint plusieurs fois le maréchal, lorsque les fréquentes maladies de Louis XII faisaient prévoir un changement de règne. Rohan, gouverneur du jeune comte d'Angoulême, l'héritier présomptif, semblait compter sur le sire d'Albret, dans le cas où le roi viendrait à mourir, pour se fortifier dans le Midi et « faire ranger à ce qu'il voudrait ceux qui seraient « pour contrarier son intention en ce royaume ». Il lui avait même recommandé « d'entretenir le plus de gens qu'il pourroit ». Un jour que tous deux étaient à Lyon, après un souper donné par l'évêque du Puy, on les vit « se pourmener et deviser ensemble seul à seul » pendant deux heures. De retour en son logis, Alain « se deshabillait pour s'aller coucher lorsqu'il
« tira son écuyer Sermet à une fenêtre de sa chambre
« et lui dist : Monsieur de Sermet, je trouve le fait
« de ceste cour bien changé; le mareschal de Gié m'a
« dit que quand il va devers le roy, aucunes fois estant
« en son lict avec la reine ou ailleurs, la reine pré-
« sente, ledict mareschal parle au roy d'une sorte, et
« quand la reine est absente, d'une autre. Et m'a dit
« ledict mareschal qu'il sçayt bien que la reyne ne
« l'ayme point; et qu'aussi ne faisait-il ladite dame;
« que si le cas advenait que le roy *en feust moins* et

« que la reyne s'en voulsist aller en Bretaigne, cela
« pouvoit faire beaucoup de dommaige au royaume ;
« mais qu'il avait Angiers et Amboyse dont il estoit
« capitaine et qu'il garderoit bien que ladicte dame
« s'en iroit pas aussi promptement qu'elle cuyderoit. »

Alain avait défendu expressément à son écuyer de dire jamais rien « de ces choses ». Mais tout se révéla à l'instruction et le sire d'Albret fut invité à venir témoigner dans une affaire qui le compromettait au plus haut degré. On conçoit qu'il ne le fît qu'à contre-cœur. « Il seroit bien contant », dit-il lui-même à un de ses serviteurs, « n'être enbesoigné en ladite matière parce que ledit Rohan était son parent et chevalier de l'ordre. » Le roi et la reine envoient leurs officiers le chercher à Nérac. Il promet de les suivre, mais s'arrête à Montignac où il tombe malade de la fièvre. De nouveaux serviteurs de Louis XII viennent l'y trouver pour presser son arrivée. Il se dirige alors sur Blois quand un second accès de fièvre le contraint de séjourner à Montrichard. Le roi, contrarié de ces lenteurs, ordonne à M. de Nicolay, maître des requêtes, d'aller interroger le malade. Arrivé à Montrichard, Nicolay apprend que le sire d'Albret est à Loches « mal disposé de sa personne ». Il se rend à Loches, où un malencontreux « excès de fièvre » empêche encore Alain de déposer. Celui-ci s'excuse, annonce qu'il s'en retourne à Montrichard et qu'alors on pourra l'interroger. Là, nouvel obstacle : le sire d'Albret attend un papier important que la reine doit lui envoyer. Le commissaire, fatigué de cette comédie, déclare que le roi sera fort mécontent et menace de s'en retourner. Il fallut bien qu'Alain se résignât à produire sa déposition.

Pour l'infirmer, Rohan prétendit que le sire d'Albret, à la suite d'une querelle relative à l'Armagnac, était devenu son plus mortel ennemi. Mais la fausseté de cette assertion fut démontrée. On les avait vus boire, causer et s'embrasser, au banquet de Lyon. L'accusé dut être confronté avec le témoin : épreuve que tous deux cherchèrent vainement à éviter. Elle eut lieu au château de Dreux, où Alain s'était retiré « gisant malade dans son lit ». On a raconté ailleurs [1] cette entrevue où le maréchal, rouge de colère et « se peignant la barbe avec sa main », opposa un démenti formel au témoignage de son ancien ami « à qui on avait fait le bec », disait-il, « pour en dire, comme à l'oiseau en cage. » On a décrit la scène bizarre de ce petit singe, qui, blotti entre les draps du sire d'Albret, tout à coup s'élança sur Rohan, et lui tira la barbe « à toute force » sans que celui-ci pût s'en débarrasser. Accusé par le procureur du roi de *cinq* crimes de lèse-majesté, le maréchal se défendit avec tant d'énergie et de persévérance, que le jugement fut renvoyé. Malgré l'ardeur vindicative qu'apportait Anne de Bretagne à poursuivre son ennemi, l'arrêt de condamnation rendu par le parlement de Toulouse en 1506, n'enleva à Rohan que ses charges et offices et le dangereux plaisir de résider à la cour [2].

---

1. *Hist. du XVIe siècle en France*, de Paul Lacroix (bibliophile Jacob), t. II, p. 424 et sqq., d'après la partie inédite de l'histoire de Jean d'Auton.

2. La plupart des détails que nous donnons sur ce procès ne se trouvent pas dans le bibliophile Jacob et proviennent du manus-

Alain sortit sain et sauf de ce procès où il avait comparu comme complice autant qu'à titre de témoin : mais le roi et la reine le tinrent désormais pour suspect. Louis XII ne manquait pas de prétextes pour témoigner sa mauvaise humeur à la maison d'Albret. En 1507, il se vengeait des « mauvais tours »[1] que lui avait joués César Borgia en le dépouillant de son duché de Valentinois et en réduisant à 4000 livres (120 000 fr.) la pension de Charlotte d'Albret[2]. Il soutenait d'ailleurs, contre le roi et la reine de Navarre, les prétentions de son neveu chéri Gaston de Foix, qui, malgré les traités de Tarbes et d'Étampes, réclamait toujours, les armes à la main, la succession de la maison de Foix. Enfin, il revendiquait, par l'organe du parlement de Toulouse, l'hommage dû à la couronne de France pour la seigneurie de Béarn, que Jean d'Albret et Catherine de Foix s'obstinèrent au contraire à déclarer indépendante[3].

Le sire d'Albret, pressentant l'orage, resta enfermé dans ses domaines de Gascogne. Une fois cependant, il vint à Tours (juin 1506), pour assister aux États généraux convoqués par Louis XII[4]. On ne lui en sut aucun gré, et, dès l'année suivante, sa disgrâce fut

---

crit 2717 (fonds français, ancien fonds de la Bibl. nat.), qui contient le procès criminel du maréchal de Gié. Cf. Arch. des B. Pyr., E. 95, 97, 103.

1. Arch. des B.-Pyr. E. 91. Lettres de Louis XII, confisquant les biens de César Borgia. (Bourges, 18 février 1507.)

2. *Négociations diplomatiques de la France avec la Toscane*, t. I, p. 193. Lettre de Francesco Pandolfini aux Dix (Blois, 24-28 Novembre 1606-7).

3. Voir les histoires de Navarre et de Béarn, et surtout les arch. des B.-Pyr. E. 330.

4. Arch. des B.-Pyr. E. 97, et 81.

complète. Le roi et la reine de Navarre avaient eu, aux yeux du roi très-chrétien, le tort grave de s'allier étroitement avec Philippe-le-Beau et avec l'empereur Maximilien, dans l'espoir de maintenir ainsi l'indépendance de leur petit état que menaçaient également la France et l'Espagne [1]. Louis XII, qui considérait la Navarre et l'Albret comme une annexe de son royaume, refusa de comprendre le roi de Navarre dans la paix de Cambrai (1508). Maximilien et Marguerite d'Autriche l'exigèrent, au contraire, expressément ; et cette difficulté faillit empêcher la signature du traité. Pressé de conclure la ligue contre Venise, le roi de France céda sur ce point sans cesser de considérer Jean d'Albret comme un ennemi [2]. C'était Alain qui payait, en quelque sorte, pour son fils. Il n'osait même plus venir à Paris, où ses nombreux procès exigeaient cependant sa présence, de peur d'y rencontrer le roi et d'en recevoir mauvais accueil. Aussi perdit-il, de 1506 à 1509, la jouissance de plusieurs fiefs importants que lui contestaient, soit les agents du domaine, soit des particuliers à qui la faveur royale ne faisait pas défaut.

Ce fut bien pis, en 1510 et en 1511, lorsque la *Sainte-Ligue* eut tourné l'Italie et l'Europe contre la France. Dans la guerre qui éclata entre Louis XII et Ferdinand le Catholique, le roi de Navarre voulut naturellement rester neutre, ce qui aggrava sa situation vis-à-vis de l'un et de l'autre pays. Louis XII, s'ima-

---

[1]. *Hist. du* xvie *siècle*, t. IV, et Leglay, *Correspondance de Maximilien et de Marguerite d'Autriche.* (Coll. des documents inédits.)
[2]. Leglay, *Correspondance*, etc., I, p. 108, 248.

ginant que Jean d'Albret penchait vers l'Espagne, le menaça et prépara même l'entrée de ses soldats en Navarre [1]. Le vieux sire d'Albret, alors septuagénaire, reçut l'ordre de quitter le Midi et de venir dans son château de Dreux [2]. Il n'osa refuser et resta confiné dans son comté pendant toute l'année 1511. Mais l'invasion des Anglais en Guyenne et surtout celle des Espagnols dans la Navarre (1512) montrèrent que la maison d'Albret avait les mêmes ennemis que Louis XII. Alain put enfin quitter Dreux et venir à Blois [3] négocier la réconciliation qui s'effectua entre les deux rois de France et de Navarre [4].

Malheureusement cet accord n'empêcha pas Ferdinand le Catholique de conquérir, et pour toujours, la partie du royaume navarrais qui s'étendait au midi des Pyrénées. Ce fut un coup terrible pour Alain et pour son fils, qui mourut de chagrin quatre ans après (1517). Tous les domaines de la maison se trouvèrent alors confiés aux mains séniles du sire d'Albret qui les gouverna au nom de son petit-fils, le jeune roi de Navarre, Henri II. Le vieillard ne pouvait déjà presque plus sortir de ses manoirs de Nérac et de Casteljaloux. Il montra cependant, pour remplir ses fonctions de tuteur, une énergie que son grand âge semblait ne pas comporter. D'une part, il réussit à maintenir contre

---

1. Arch. des B.-Pyr. E. 94, 95, 104, 105 (Correspondance de la Romagière, agent du sire d'Albret); Leglay, I, p. 321. Lettre de Maximilien à Marguerite (Inspruck, 31 août) et de Marguerite à Maximilien, p. 449. (23 nov. 1511); Bibl. nat., coll. Doat, t. CCXXXI. 1516. *Harangue faite par Pierre de Biaix au Roy catholique, à Bruxelles* (25 août 1516).
2. *Harangue de Pierre de Biaix.*
3. Arch. des B.-Pyr. E. 666.
4. Çurita. t. V, lib. X. (Guerre de Navarre.)

les tentatives intéressées de Louise de Savoie et du nouveau roi de France, François Ier, l'indépendance du Béarn [1]; d'autre part il dirigea avec persévérance les négociations entamées auprès de l'Espagne et de Charles-Quint, pour obtenir la restitution de la Navarre [2]. Ses réclamations furent constamment infructueuses; mais la guerre qui éclata entre la France et l'Espagne et dont la Navarre fut un des principaux théâtres, pouvait lui faire espérer que la maison d'Albret rentrerait, par la voie des armes, en possession du royaume perdu. Au moment où l'expédition de Lesparre échouait misérablement par la faute de son chef, Alain terminait dans sa résidence de Casteljaloux, terre sacrée où tous les sires d'Albret, ses ancêtres, avaient voulu mourir et être ensevelis, une carrière de quatre-vingt-deux ans (octobre 1522) [3].

Telle fut la vie politique de ce souverain féodal qui posséda pendant près d'un demi-siècle le tiers de la France méridionale. Il eut la chance singulière de voir finir le moyen-âge, enseveli dans la lutte suprême de la féodalité et de la monarchie, et se lever les temps modernes, brillamment inaugurés par la renaissance des lettres et des arts en Italie. Il put assister, sans paraître lui-même trop gravement atteint, à la ruine des pouvoirs seigneuriaux, commencée par Charles VII et par Louis XI, consommée sous

---

1. Luchaire, *Un épisode de l'histoire du Béarn* (décembre 1518). Mémoire inséré dans le bulletin de la Société des sciences, lettres et arts de Pau. (1873-74, 2e série, t. III, 1re livraison.)
2. Les pièces relatives à ces négociations remplissent les tomes CCXXXI et CCXXXII de la coll. Doat.
3. Arch. des B.-Pyr. E. 112. Testament d'Alain, sire d'Albret.

François Ier. L'histoire offrirait-elle, en sa personne, une exception à ce fait général de la destruction des fiefs, accomplie par les rois au profit de l'unité française ?

Il n'en est rien. Ses relations avec la royauté, que nous venons d'exposer, montrent déjà qu'il échappa au sort malheureux des autres grands feudataires, ses contemporains, précisément parce qu'il sut toujours plier à propos et abdiquer de lui-même une indépendance que l'époque ne permettait plus. Sous Louis XI, il eut le bonheur d'être le familier, le « compère » du monarque, mais à condition qu'il servît ses intérêts et l'aidât dans sa lutte contre Charles de Guyenne, contre le duc de Bourgogne, contre l'Espagne. En recueillant les dépouilles du sire de Sainte-Bazeille, en acceptant pour beau-frère une des « âmes damnées » de Louis XI, Boffile de Juge, il trahissait encore la cause féodale. Cependant, sous la régence d'Anne de Beaujeu, il essaie de se lever à son tour contre la royauté, mais encouragé par la rebellion presque générale des seigneurs français, mais attiré par l'appât du mariage de Bretagne, qu'il poursuit comme un leurre insaisissable. Gravement compromis, il se tire de ce mauvais pas par une nouvelle trahison; il livre Nantes aux troupes de Charles VIII. Défection qui ne lui profite guère ; car désormais, et pour toujours, il est suspect à la royauté. En vain veut-il flatter Louis XII et Anne de Bretagne en prenant pour gendre un illustre scélérat qu'ont repoussé toutes les familles princières, et, plus tard, en accusant son vieil ami, le maréchal de Gié ; sa disgrâce devient notoire ; il n'ose plus paraître ni à Blois, ni à Paris ; il se contente de faire adresser, par ses *solliciteurs*, d'humbles supplications à Georges d'Amboise, pour que le roi lui permette de venir au Parlement surveiller ses procès. Bientôt même, il se constitue comme prisonnier à Dreux, sur une simple injonction de Louis XII. La biographie d'un tel personnage n'est-elle pas déjà, par elle-même, une preuve manifeste de la décadence politique des grands feudataires ?

Mais, il y a plus. Qu'on examine attentivement la vie privée d'Alain ; qu'on étudie l'histoire intérieure de la maison d'Albret dans ses rapports multiples avec les représentants du pouvoir royal, et l'on verra, d'une part, se confirmer l'étroite dépendance où le chef féodal se trouve placé vis-à-vis du souverain ; d'autre part, le fief lui-même se désorganiser et s'amoindrir sous les coups incessants des nombreux ennemis coalisés pour sa perte.

Comment le feudataire pourrait-il conserver son indépendance à une époque où les exigences d'un luxe croissant et les frais énormes de la tenue d'une maison princière l'obligent non-seulement à engager et à vendre ses terres, ressource toujours insuffisante, mais encore à se faire le pensionnaire de la royauté et le capitaine soldé d'une compagnie d'ordonnance ?

Viennent ensuite les procès interminables et ruineux dont le domaine est accablé. Chacune des seigneuries qui composent le fief n'est-elle pas revendiquée par un essaim de compétiteurs avides contre lesquels il faut se défendre devant les principaux Parlements ? Mais, pour gagner ces procès, il faut de l'argent, un nombreux personnel d'hommes d'affaires, et surtout la faveur royale, toute-puissante sur la justice du xv² et du xvi² siècles.

Ce n'est rien encore. Aux efforts des particuliers se joignent ceux des municipalités, grandes et petites, qui achèvent de secouer le joug féodal, et s'appuient secrètement ou publiquement sur les agents de la royauté, toujours disposés à combattre les nobles.

Mais le plus redoutable ennemi du fief, c'est le roi, c'est surtout l'innombrable armée des fonctionnaires royaux. Par eux, le seigneur est directement attaqué, d'abord dans ses prérogatives féodales, ensuite dans ses titres mêmes de propriété. On lui conteste ses droits, utiles et honorifiques, au nom de l'autorité supérieure de la monarchie. On lui enlève ses terres, en invoquant le principe de l'inaliénabilité du domaine royal.

Une grande seigneurie se débattant le plus souvent sans succès contre ces différentes causes de ruine, tel est le spectacle que va nous offrir l'histoire de la maison d'Albret sous la domination d'Alain. Nous venons de faire connaître le personnage et son domaine, le feudataire et le fief. Il s'agit maintenant de les montrer aux prises avec chacun de leurs adversaires.

CHAPITRE II

LA DÉTRESSE FÉODALE. — ALAIN, PENSIONNAIRE DE LA ROYAUTÉ ET CAPITAINE DE L'ORDONNANCE.

Appauvrissement de la noblesse à l'époque d'Alain. — Dépenses ordinaires du sire d'Albret, entretien de son hôtel. — Toilettes de la dame d'Albret. — Dépenses extraordinaires. — Administration du fief. — Évaluation du revenu d'Alain ; insuffisance de ses ressources. — Emprunts, engagements et ventes. — Alain et Philippe de Commines. — Les pensions du sire d'Albret. — Ses fonctions dans l'armée royale. — Conséquences politiques de cette pénurie des seigneurs.

Les souverainetés féodales du xve siècle sont travaillées et minées par un mal intérieur sur lequel il est nécessaire d'insister tout d'abord, parce qu'il prépare et explique en partie leur décadence. C'est la détresse pécuniaire, la réelle pénurie dont souffraient les plus puissants seigneurs et qui entraînait pour eux, dans l'état matériel comme dans la situation politique de leurs maisons, les résultats les plus désastreux.

L'appauvrissement de la noblesse sous les derniers Valois de la branche directe est un fait général, attesté par de nombreux documents. Un historien a constaté qu'au xiiie siècle déjà il suffit de parcourir un chartrier d'abbaye pour apprendre que les seigneurs étaient réduits à vendre une partie de leurs biens [1]. Mais les finances des feudataires durent se trouver bien plus gravement compromises deux siècles plus tard, lorsqu'ils eurent perdu, dans leur lutte avec la royauté et les villes, une foule de droits lucratifs qui ne formaient pas la partie la moins importante de leur revenu. Les ordonnances de Charles VII défendant aux seigneurs d'imposer des tailles à leurs sujets sans l'autorisation du roi, de détenir ou d'augmenter la taille royale, d'établir de nouveaux péages et d'accroître les anciens, d'exiger des habitants les frais de ravitaillement des forteresses, de leur faire payer pour le droit de guet au-delà d'une certaine somme, d'altérer les monnaies, etc., ces ordonnances, si mal observées qu'on les suppose, eurent cependant pour effet de réduire notablement les ressources de l'aristocratie.

A ces prohibitions s'ajoutaient les édits royaux qui diminuaient le nombre des justices seigneuriales et des procès portés à leur connaissance ; déclaraient nulles les aliénations du domaine et reprenaient les biens distraits de la couronne ; organisaient une force publique, permanente et régulière ; imposaient aux nobles le respect du paysan et de sa propriété. Toutes ces mesures, si favorables à l'établissement du pouvoir monarchique et aux progrès de la civilisation, se traduisaient pour les seigneurs par un amoindrissement de revenu. Mais la fatalité voulait que les trésors

---

1. Boutaric. *Institutions militaires de la France*, p. 138.

féodaux cessassent de se remplir au moment même où les besoins des feudataires s'accroissaient d'une façon démesurée. Dans la seconde moitié du xve siècle, le luxe prend des proportions effrayantes et l'entretien d'une maison féodale devient ruineux. Il faut que le grand seigneur ait un nombreux personnel de domestiques, des coffres pleins de soie, de velours, de draps précieux, de bijoux et de fourrures; une vénerie et une fauconnerie somptueusement organisées. Que d'argent consomment en temps de guerre son équipement et celui de ses hommes, en temps de paix les voyages à la cour, les séjours prolongés à Tours, à Blois ou à Amboise, les tournois et les carrousels !

Aussi les nobles s'avouent ruinés. Aux États-Généraux de 1484 ils demandent qu'on les paye lorsqu'ils seront mandés pour le ban et l'arrière-ban[1]. Ils déclarent « être toujours allés en déclinant et s'appauvrissant à cause des guerres. » Pour suffire à leurs dépenses, ils ont hypothéqué ou même vendu une grande partie de leur patrimoine. Ils réclament le droit de pouvoir dégager et racheter leurs biens aliénés, et la royauté, en effet, leur accorde le rachat des terres vendues ou engagées depuis 1464 moyennant le paiement du prix principal et des arrérages. Aux États de Languedoc la noblesse présente les mêmes doléances et demande que les seigneurs pauvres soient exempts du service militaire[2].

L'inconvénient le plus grave de cette pénurie des

---

1. Georges Picot, *Hist. des États généraux*, t. I, p. 518, 524.
2. *Ibid.*, p. 138. *Cahier de doléances du Languedoc.* Orléans, 16 sept. 1485.

seigneurs n'est pas l'amoindrissement effectif des domaines féodaux, dont les aliénations de tous genres réduisaient singulièrement la valeur et l'étendue. Mais c'est que ce perpétuel besoin d'argent influe d'une façon déplorable sur la direction politique du fief, en dictant à son possesseur des mesures contraires à son intérêt bien entendu ou à sa dignité. Il compromet surtout son indépendance en l'obligeant d'entrer dans le cadre de l'administration monarchique, en faisant de lui, à titre de pensionnaire et de capitaine d'ordonnance, le serviteur gagé du roi.

Malgré ses vastes domaines, Alain n'est pas mieux protégé que les autres nobles, ses contemporains, contre cette maladie du monde féodal. Transportons-nous à la fin du xve siècle, dans un de ces châteaux du Périgord ou de la Gascogne où résidaient le sire d'Albret, sa famille et son entourage, à Montignac ou à Nérac. Que de frais nécessitent déjà l'entretien et la reconstruction de ces demeures princières ! On ne se contente plus alors des grosses tours, des constructions massives, des salles froides et nues qu'habitaient les rudes et grossiers chevaliers du siècle passé. Le contact de l'Italie, la vue des chefs-d'œuvre de l'art ancien et moderne ont déjà tranformé l'architecture française et fait pénétrer, jusqu'au fond même de la Gascogne, ce goût exquis, cet amour de l'ornementation riche et élégante qui est le caractère de la Renaissance. Au château de Nérac le sire d'Albret ajoute deux grands corps de bâtiment. Dans le premier est construite l'admirable galerie du *trésor* ou des archives, avec ses chapiteaux sculptés, décorés de figures d'hommes ou d'animaux. Aux clefs de voûte apparaît le chiffre AA (Alain d'Albret) ou bien l'écusson écartelé partie aux armes d'Albret et de France, partie aux armes de Bretagne. Toutes les fenêtres de l'aile orientale sont également ornées de ces armoiries qu'entoure le collier de l'ordre de Saint-Michel avec la figure de l'archange brandissant son épée flamboyante et foulant aux pieds un dragon [1]. Alain en effet a reçu de Charles VIII [2] le titre alors fort recherché de chevalier de l'ordre.

Là, dans cette magnifique résidence qui domine d'une grande hauteur la rive gauche de la Baïse, séjournent ordinairement le sire d'Albret et tous les siens. Le service du maître est fait par de nombreux domestiques nobles qu'il faut entretenir et gager, sans parler de la foule des serviteurs appartenant à la basse classe. Chapelains, écuyers, pages, maîtres d'hôtel, valets de chambre, fauconniers, clercs de la dépense, contrôleurs de la maison, tous gens de bonne famille [3], enlèvent une part considérable du budget seigneurial. La dame d'Albret, Françoise de Bretagne, n'a-t-elle pas, elle aussi, ses officiers spécialement attachés à sa personne? Mais il faut encore un service particulier pour chacun des enfants d'Albret jusqu'à ce que leur père soit parvenu à les établir. La plus jeune des filles d'Alain, Anne, qui ne se mariera pas

---

1. De Villeneuve. *Notice historique sur la ville de Nérac.* — Samazeuilh, *Histoire de l'Agenais, du Condomois et du Bazadais*, t. II, p. 60, 65.
2. Bibl. nat. Ms. 2717, *Procès du maréchal de Gié*, f° 362.
3. Arch. des B.-Pyr. E. 87. Quittance de gages des officiers de la maison du sire d'Albret.

et restera toute sa vie dans la maison paternelle, compte plus de quinze domestiques à ses ordres ; plusieurs servantes ou femmes de chambre, un prêtre, un confesseur, un valet de chambre, un secrétaire, un page, un couturier, un laquais et un tambourin [1]. Et le sire d'Albret a sept autres enfants légitimes : Jean, Amanieu, Pierre, Gabriel, Louise, Charlotte, Isabeau, auxquels on doit ajouter six bâtards : Rollet, Achille, Amanieu, François, Louis, né d'Anne, Louis, né de Mariette, et deux bâtardes, Florette et Alanie [2] ! Quelle dépense suppose tout ce monde d'enfants et de serviteurs !

Ce n'est pas la vie matérielle, les frais journaliers de la table qui coûtent le plus à notre feudataire. On a montré avec raison qu'à cette époque les denrées de première nécessité, sauf certains produits tels que le poivre, le sel et le sucre, étaient beaucoup moins chères qu'elles ne le sont de nos jours [3]. Ainsi, en 1522, le boucher de Casteljaloux qui se chargeait de fournir de viande l'hôtel d'Albret donnait deux chevreaux « gras, bons et marchans » pour six sous tournois (9 francs) ; deux chapons « bons et gras » pour cinq sous (7 fr. 50) ; une douzaine de pieds de moutons ou de chevreaux pour dix deniers (1 franc) ; deux poulets et deux pigeons pour treize deniers (1 fr. 30) ; un ventre de mouton ou de chevreau « prest à mectre au feu » pour dix deniers (1 franc).

1. E. 103. Testament d'Anne d'Albret.
2. Voir le P. Anselme, dont il faut compléter les renseignements par E. 103 et E. 110.
3. Leber. *Essai sur l'appréciation de la fortune privée au moyen-âge* (Paris, 1847), p. 58.

Encore le maître d'hôtel cherche-t-il à réduire le nombre de ceux qui pourront « venir boire et manger au chasteau aux despens de monseigneur [1]. »

Mais ce qui dévore les revenus féodaux au xve siècle, c'est le luxe des vêtements. L'extrême cherté des étoffes riches, des fourrures et du linge à cette époque est encore un fait relevé depuis longtemps par les érudits [2]. Le sire d'Albret apparaît à Montignac vêtu d'une robe longue en velours garnie de fourrure et dont la doublure seule, en taffetas bleu, a coûté treize livres tournois (390 fr.). Un pourpoint de damas cramoisi à deux livres (60 fr.) l'aune, couvre ses épaules. Sa chemise, en fine toile de Hollande, lui revient à trois livres (90 fr.) l'aune. Quand il chevauche, sa petite robe à cape, plus modeste, faite de camelot tanné et doublée de drap violet, représente encore comme prix d'étoffe seulement une somme de huit livres dix sous (255 fr.). Autour de lui circulent ses officiers, vêtus de drap noir et violet, et ses trois pages en robes de velours noir doublé de bleu et en pourpoint de satin avec lacets et aiguillettes [3]. Nous sommes déjà loin du temps où la reine Marie d'Anjou, femme de Charles VII, avouait ne posséder que deux chemises de toile [4] : il faut que le sire d'Albret en donne plusieurs à chacun de ses pages, à chacune des nourrices de ses enfants (1469). Un curieux inventaire du linge

---

[1]. Arch. des B.-Pyr. E. 110. Extrait d'un journal de l'hôtel d'Albret, pour les années 1521 et 1522.
[2]. Leber, *Ibid.*, première partie.
[3]. Tous ces détails et la plupart de ceux qui vont suivre sont empruntés aux Arch. des B.-Pyr. E. 630. Comptes de Ch. de Berne, maître d'hôtel d'Alain d'Albret.
[4]. Pierre Clément. *Jacques Cœur et Charles VII*, p. 246.

contenu dans les coffres du château de Nérac en 1514 accuse un total de cent dix draps (linceulx) en toile de Hollande ou de Nérac; deux cent huit serviettes « à ovraige de Venise ou de Paris »; cinquante nappes; quatre courtines et cinq ciels de lit; onze tabliers de toile fine ; quatorze « couvre-chef » en toile de Hollande et huit « toilles » d'oreiller [1].

Que dire de la toilette de la dame d'Albret et de ses filles? Ce sont chaque jour des achats de damas, de velours, de draps de toutes nuances, de fourrures de toute espèce. Tantôt il faut payer le « pellaut » ou pelletier, qui a « fourré madame et mesdamoiselles », tantôt le « cousturier » en renom prêté à madame par une châtelaine de ses amies et qu'on a retenu un mois à Montignac où il travaille à raison de douze francs par jour [2]. En temps ordinaire, ces dames se contentent d'une robe de drap noir dont l'étoffe seule coûte près de 225 fr. Mais les costumes de promenade ou de cérémonie! Veut-on savoir ce qu'est la garde-robe d'une grande dame du xve siècle? Ouvrons les coffres de Françoise de Bretagne. Nous y trouvons :

Dix robes ordinaires en camelot noir, drap noir, velours cramoisi, satin noir, satin jaune, satin cramoisi, satin fleur de pêcher, velours violet, velours noir, satin gris, sans compter deux robes de drap gris « pour nuict » fourrées de chat et de martre.

Onze robes plus riches : drap noir fourrée de léopard, velours noir, gris de Rohan et damasquin four-

---

1. Arch. des B.-Pyr. E. 103. *Inventaire du linge de monseigneur.*
2. E. 650. Comptes de Ch. de Berne.

rées d'agneau noir; satin figuré fourrée de genêtes, écarlate, satin cramoisi broché d'or et satin noir fourrées de léopard; velours noir fourrée de loup cervier; écarlate, fourrée d'hermine, et surtout la robe de drap d'or avec figures représentant « un sanglier hors du gîte » également fourrée d'hermine.

N'oublions pas le manteau damasquin bleu « d'épousée », les cottes de damasquin violet, de satin jaune et de drap tanné; une cotte d'écarlate « pour nuit au lit », treize bonnets dont un de drap d'or, huit autres bonnets de soie, etc.

Viennent ensuite les bijoux, et ces mille petits riens qui coûtaient encore plus cher alors que de nos jours : une fiole d'huile d'aspic, un encensoir d'argent doré, un gobelet et quatre cuillers de même métal, un collier de verre à lettres d'or, un tas de perles, des patenôtres de corail et de jais, des chaînes d'or et d'argent, une fleur d'ancolie d'or, une tourterelle d'or avec deux perles, deux rubis, une émeraude et un diamant; un tableau d'argent doré représentant Notre-Dame; une pomme de musc garnie d'argent doré; deux miroirs en coquilles d'écrevisse garnis d'ambre; un cadran d'ivoire, un petit coffre de reliques, un agnus Dei en argent émaillé, etc., etc. [1].

Aux frais journaliers qu'exige l'entretien de l'*hôtel* d'Albret s'ajoutent les dépenses imprévues ou nécessaires aux plaisirs du châtelain. Quand Alain donne un carrousel, il fait venir de Tours et à grands frais cinquante aunes de toile pour former la lice et un

---

[1]. Bibl. nat., coll. Doat, t. CCXXII. *Inventaire de ce qui fut trouvé aux coffres de madame d'Albret, après son décès.*

millier de sonnettes pour « dancer mourisques ». Tantôt c'est une « salade » garnie d'or que monseigneur donne au jeune gentilhomme qu'il vient d'armer chevalier; tantôt c'est une bourse pleine qu'il remet aux nourrices les jours où il est parrain. On joue aux cartes ou à la paume, ce qui coûte toujours à Alain près de deux cents francs [1]. Mais, sa grande distraction, c'est la chasse aux chiens et aux faucons. Plaisir coûteux, car les bons fauconniers et les oiseaux bien dressés sont avidement recherchés de toute la noblesse. Dans une seule de ces résidences, il possède sept faucons, trois tiercelets et cinq émerillons. On voit par sa correspondance combien il se préoccupe d'avoir de bons oiseaux de chasse, et quel plaisir lui causent ceux qui lui en envoient. « Je vous adresse le tiercelet que m'avez demandé », lui écrit sa belle-fille la reine de Navarre, « et voudrais qu'il fût le meilleur de Gascoigne pour y prendre vostre plaisir » [2]. Son beau-frère, le sire d'Estouteville, lui fait aussi cadeau d'un tiercelet : « c'est ung des bons que je vis oncques et du meilleur réclam, mais il ne se baigne jamais que à la chambre et après le faut faire sécher à un bon feu » [3]. Les agents qu'il entretient à Paris pour veiller aux intérêts de sa maison ont en même temps, nous le verrons, la mission importante de rechercher les fauconniers habiles et les oiseaux prêts à voler.

Enfin monseigneur est dévot et donne beaucoup à l'Église. Alain paye largement les « bons pères » qui

---

1. E. 650. Comptes de Ch. de Berne.
2. E. 99. Lettre de Catherine de Foix au sire d'Albret.
3. E. 104. Lettre de Maximilien d'Estouteville au sire d'Albret.

viennent prêcher le carême au château, donne à l'offertoire les dimanches et les jours de fête, fait l'aumône aux religieux, fonde des messes et des collégiales, contribue aux réparations des églises et des hôpitaux, aux dépenses des confréries, etc. [1].

Aussi obtient-il du général de l'ordre des Frères prêcheurs que sa femme, ses enfants et lui soient associés « aux messes, oraisons, méditations, contemplations, prédications, gémissements, pleurs, vigiles, jeûnes, abstinences, etc., » accomplis par les frères et sœurs de l'ordre [2]. Le général des Cordeliers lui accorde la même faveur [3]. Enfin, pour pratiquer plus fréquemment ou plus commodément ses devoirs religieux, il envoie son confesseur demander au pape la concession d'un « autel portatif » sur lequel il pût « faire chanter et célébrer messes en tous lieux où faire le voudrait, même après l'heure de minuit et après l'heure de mi-jour [4]. »

Mais les dépenses de l'hôtel ne sont rien auprès de celles que nécessite chaque année l'administration du fief d'Albret. La haute direction du domaine appartient à Alain et à son conseil. Ce conseil est composé ordinairement des membres présents de la famille, des maîtres d'hôtel et des employés supérieurs de l'ordre judiciaire et financier, c'est-à-dire du *procureur général*, du *juge*, du *sénéchal* et du *trésorier général* d'Albret.

---

[1]. E. 650. Comptes de Charles de Berne. — E. 110. Bulle de Léon X, relative à la collégiale fondée par Alain à Castel-Jaloux. — E. 171, Fondation pieuse d'Alain à Haute-Faye. — E. 112. Testament d'Alain.
[2]. E. 79.
[3]. E. 107.
[4]. E. 652.

Parmi les employés inférieurs les uns sont fixes, les autres ambulants; ceux de la première catégorie comprennent, dans chaque seigneurie importante, un gouverneur ou capitaine établi au château, un juge, un receveur et un procureur. Dans chaque comté ou grand fief, l'administration financière et judiciaire des châtellenies est centralisée entre les mains d'un *receveur général*, d'un *juge mage* et d'un *juge d'appeaux*. Quant aux employés ambulants ce sont les *chevaucheurs* ou courriers et les *solliciteurs* ou hommes d'affaires envoyés par le sire d'Albret auprès des Parlements et chargés de veiller à ses nombreux procès. Ces derniers, outre leur traitement annuel (cent livres ou 3 000 fr.), reçoivent quand ils voyagent une solde journalière de quinze sous (22 fr. 50) [1].

Joignons à ces frais nécessaires ceux qu'entraîne pour Alain sa situation de grand seigneur, parent du roi, mêlé aux affaires politiques des royaumes de France et de Navarre. Il lui faut mener l'existence active et remuante de tous les feudataires importants et voyager presque toute l'année. En 1483 (vieux style), par exemple, nous le trouvons successivement:

A Montignac, en Périgord (avril et mai);

A Hesdin en Artois, à Amiens, à Amboise (juin et juillet);

A Ségur en Limousin. (29-31 juillet);

A Montignac, à Montpaon, à Nérac (août);

A Montpaon et à Toulouse (septembre);

---

1. E. 110. Voir le chap. III.

A Blois (octobre) ;
A Sainte-Marie-de-Cléry (décembre) ;
A Tours (janvier, février, mars) ;
A Amboise (avril).

Or, pour se faire une idée précise des fatigues et des dépenses qu'exigeaient ces déplacements, il faut savoir que le trajet de Montignac à Tours (cent trente lieues) demandait au sire d'Albret sept jours de chevauchées et lui coûtait près de quarante livres (1 200 fr.) [1]. C'était bien autre chose lorsque, revêtu de fonctions militaires, il voyageait pour le service du roi. En 1476, quand il vient à Bayonne prendre le commandement de l'armée que Louis XI envoie en Espagne, il amène avec lui une nombreuse escorte d'officiers et de valets, vingt-trois chevaux pour lui et ses pages, neuf chevaux pour ses valets de chambre, ses trompettes et ses ménétriers, trois chevaux pour son maître d'hôtel, six chevaux pour ses secrétaires et ses chapelains, six chevaux pour ses bouteillers et cuisiniers, enfin quatre chevaux pour le roi d'armes de la maison d'Albret, Tartas, et pour les autres hérauts et poursuivants [2].

Avec un pareil train de maison pouvait-il, sans se ruiner, séjourner longtemps à l'armée ou en cour ?

Son revenu, en effet, si considérable qu'il paraisse, est absorbé par tant de dépenses. Un contemporain l'évalue à deux cent cinquante mille livres 7 500 000 fr.) [3]. Mais il est perçu partie en numé-

1. E. 650. Comptes de Charles de Berne.
2. E. 77. Rôle des logis pris à Bayonne.
3. Bibl. nat., coll. Doat, t. CCXXXI, f° 83 bis.

raire, partie en nature [1]. Ainsi le comté de Castres vaut dix mille livres (300 000 fr.), dont six mille deux cent sept livres en deniers (186 210 fr.), le reste en productions du pays : cinq cent trente-neuf setiers de froment, sept cent vingt et un setiers de seigle, huit cent quarante-deux setiers d'avoine, huit setiers de mil, un chapon, mille cinquante-neuf poules, une oie, trente et un lapins, quarante et une livres de poivre, quatre livres de cire, trois quintaux de fer, un chapeau de roses, trois cartons d'huile, quarante pipes de vin, quatre-vingt-quatorze charrettes de foin, et quatre cent douzaines d'œufs [2]. De même la châtellenie de Nérac ne rapportait au sire d'Albret que trois cent trente-cinq livres quatorze sous en numéraire (10 071 fr.), mais elle lui fournissait deux cent vingt-sept quarts de froment, soixante et un quarts de seigle, cinquante-trois quarts de mil, soixante-treize quarts d'avoine, vingt-trois quarts de fèves, cinq barriques de vin, quatre chapons, deux cent quarante-six poules, et soixante-douze fromages [3]. Une partie de ces provisions se vendaient [4], le reste était employé dans les résidences seigneuriales [5], ou

---

1. Arch. des B.-Pyr. E. 89. *Recettes des terres d'Albret*.
2. E. 148.
3. E. 89. *Recettes d'Albret*.
4. E. 110. Journal de l'hôtel d'Albret pour 1521 et 1522 :
2 avril 1521, vente de blé. — 4 avril, vente de seigle. — 18 avril, vente de poisson. — 23 avril 1522 (vieux style), vente de blé. — 17 mai, vente de 54 pipes de vin blanc et rouge. — 25 mai, vente de blé — 4 juin, vente des blés du Mas, de Taillebourg et de Monhurt. — 6 juin, vente des blés de Moncrabeau, etc.
5. *Ibid.* 1ᵉʳ avril 1521, poisson envoyé au château de Nérac. — 50 pipes de vin au château de Mas d'Agenais. — 6 juillet 1522, provisions en froment, seigle, vin, etc., envoyées aux châteaux de Tartas

attribué aux fonctionnaires. Mais souvent la vente était difficile ou infructueuse [1]; les denrées accumulées se perdaient ou étaient gaspillées par les receveurs.

D'ailleurs les tenanciers et les fermiers ne se piquaient pas d'exactitude. Le cens féodal arrivait tard ou même ne rentrait pas. En 1509, dans le Limousin il fallut que les officiers d'Alain, pour obtenir les paiements, eussent recours à l'autorité royale [2].

Aussi ne doit-on pas s'étonner du désarroi que les documents laissent entrevoir dans l'état financier de la maison d'Albret. Un ambassadeur florentin affirme qu'Alain est très-avare [3]. Le roi de Navarre, Jean d'Albret, semble porter aussi contre son père la même accusation lorsqu'il lui reproche en termes assez vifs de ne lui avoir jamais payé la somme inscrite dans son contrat de mariage [4]. Mais de nombreux indices attestent aussi la pénurie trop réelle du chef de la maison d'Albret.

D'abord il paye fort mal ses employés; on voit ses capitaines et ses soldats pourvoir eux-mêmes à leur entretien en s'établissant comme en pays conquis sur

---

et de Guissen. — Comparés, E. 196. *Inventaire du château de Nérac*, en 1502. On trouva à la cave 100 barriques de vin, au garde-manger 508 morues, 3 barils de harengs, 42 livres de fromage, etc.

1. E. 105. *Lettre d'un officier de Dreux au sire d'Albret*. « Monseigneur, voz blés ne valent à présent denier, parquoy ne suy pas d'advis que on les vende encore. » Il se plaint aussi de ne pouvoir vendre les bois du comté. Les officiers d'Alain allaient jusqu'à Rouen pour trouver des marchands.
2. Marvaud. *Hist. des vicomtes de Limoges*, t. II, p. 128.
3. *Négociations diplomatiques de la France avec la Toscane*, t. I, p. 760. Lettre de Francesco Vettori à Laurent de Médicis.
4. Arch. des B.-Pyr. E. 110. *Consultation pour le roy de Navarre*.

les terres du maître, au détriment des paysans et des bourgeois [1]. Les officiers civils et les hommes d'affaires, privés de cette ressource, implorent constamment le paiement de leurs gages. « Monseigneur, » écrit à Alain un juge du comté d'Armagnac, « vostre
« receveur ne me veult bailler mes gaiges ; ains me
« remect de jour en jour et je né gayres aultre chouse
« de quoy vivre. Darnièrement que je estois à Castel-
« jaloux, vous priays que feust de vostre bon plesir
« me donez quelque vin rouge que aviez en vostre
« ville de Analhan pour m'ayder à vivre. Je scay com-
« bien de vin avés audit Analhan et pour vray n'en y
« avés que quatre pipes qu'est vin rouge meslé, qui
« n'est pas des meilleurs. Pourquoy vous supplie de
« rechef de me vouloir donner et pour le présent por-
« teur, m'envoyer mandement adroissant à vostre dit
« receveur me délivrer ledit vin, et ausi lui mander
« me payer mes dits gaiges, ou, en deffault de ce faire,
« ne vous pourré gaires bien servir [2]. »

Dans le Limousin, les officiers d'Albret ne se contentent pas de demander leur traitement en nature. Ils se payent eux-mêmes en assassinant les marchands [3].

Pour remplir son trésor toujours vide Alain engage

1. Voir notre chap. IV.
2. Arch. des B.-Pyr. E. 106. *Lectre de Jehan Dupuy au sire d'Albret*. Comparer E. 84 *bis*, Lettre d'un procureur du Berry, et E. 105, Lettre d'un homme d'affaires résidant à Paris.
3. Marvaud. *Hist. des vicomtes et de la vicomté de Limoges*, t. II, p. 130. « Jean du Breuil, lieutenant du sénéchal du Limousin, informe à Chalus contre les officiers de la vicomté qui depuis cinq ans ne pouvaient réprimer certains désordres, et eux-mêmes avaient tué des marchands et pillé l'église de Dournazac. » Cf. Arch. des B.-Pyr. E. 807, E. 686, B. 1774.

sa vaisselle d'or à Saint-Sébastien, en Espagne [1] ; ses pierreries à Toulouse [2] ; les joyaux de sa femme à Bordeaux [3]. Sans l'obligeance de son « très-cher et grand ami, » Jacques de Beaune, riche marchand de Tours qui devint *général* des finances du roi, il eût été fort embarrassé de subsister lui et ses hommes pendant son expédition de Bretagne [4]. Il est obligé d'emprunter partout où il séjourne, à Pierre Morin, marchand d'Amboise [5] ; à Néri Capponi, florentin établi à Lyon [6] ; à Pierre Salyes, drapier de Limoges [7].

Mais son principal créancier, c'est l'historien Philippe de Commines. Celui-ci, peu satisfait de sa seigneurie d'Argenton, désirait un titre plus relevé et un grand fief. Alain le rencontre en 1484, à Amboise, où tous deux étaient venus saluer le nouveau roi, Charles VIII. Il lui vend pour vingt-cinq mille écus la seigneurie d'Avesnes et de Landrecies, heureux de se débarrasser d'une terre aussi éloignée de la Gascogne et trop souvent ravagée par les soldats bourguignons et impériaux. Commines se plaint que la guerre avec Maximilien d'Autriche l'empêche de s'établir dans sa nouvelle seigneurie. Le sire d'Albret lui donne alors en échange le comté de Dreux. Cette compensation inégale parut suffire à Commines, fier de s'entendre qualifier de comte de Dreux par Charles VIII

1. Arch. des B.-Pyr. E. 86.
2. E. 104. *Lettre du juge de Castres.*
3. E. 75.
4. E. 88.
5. E. 88.
6. E. 157.
7. E. 109.

et par toute sa cour. Bien que ce comté, chargé de procès, ne valut guère mieux que la terre d'Avesnes, l'historien continue d'ouvrir sa bourse à son illustre ami et débiteur ; et celui-ci ne cesse d'y puiser. Tantôt Alain lui emprunte, de la main à la main, cinq cents écus d'or ; tantôt il le charge de payer ses dettes à Tours et à Lyon. Enfin, en 1494, l'ayant trouvé à Vienne, où se réunissait l'armée destinée à l'expédition d'Italie, il lui demande encore six cents écus qui paieront les frais du voyage de son fils Gabriel, un des futurs conquérants de Naples [1].

Toujours gêné, malgré ses emprunts, le sire d'Albret en est réduit à engager ou même à vendre ses terres et ses baronnies. Il ne se passe presque pas d'année où le domaine d'Albret ne subisse quelque aliénation considérable [2], nécessité fâcheuse pour l'au-

---

1. Sur les relations de Philippe de Commines avec le sire d'Albret, voir la brochure de Ch. Rahlenbeck intitulée : *Philippe de Commines et la maison d'Albret* (36 pages, sans lieu ni date). L'auteur donne le texte des documents contenus dans le carton E. 157 des *Arch. des B.-Pyr.*

2. Voici une liste, encore bien incomplète, des aliénations faites par le sire d'Albret, sur les différents points de son domaine :
1° Seigneurie d'Avesnes, E. 157.
2° Comté de Dreux, E. 157.
3° Domaine gascon : Rion, Gamarde, Clermont, Mimbaste (Landes), engagées; Sore et Pissos, vendues, E. 89. — Verteuil, Montcuq, Auribat et autres terres de la vicomté de Tartas, engagées, E. 106. — Badefol, E. 122. — Hôtel de Tartas, à Bordeaux, E. 133. — Pellegrue, E. 199. — Podensac, engagée puis rachetée, E. 201. — Vayres, E. 233.
4° Périgord et Limousin, Ayen et Aixe, vendues, E. 693. — Beauregard et Peyrignac, E. 697. — Bourdeilles, E. 704. — Châlusset, E. 714, — Coussac, Mauzac, Combrailles, le Désert, E. 722. — Moruscles, E. 797. — Nontron (baronnie), E. 809, 810. — Larche et Terrasson, E. 734. — Excideuil, Bersac, St-Lezer, E. 725. — Abjat et Augignac, E. 681. — St-Cyr, E. 848. — St-Pardoux, St-Pantaly, E. 852. — St-Sauveur, E. 853. — St-Yrieix, E. 861. — Vergt, E. 876. — Chervix, E. 89, etc. Cf. E. 670. — États des aliénations des terres do-

torité seigneuriale qui, réduite et diminuée insensiblement au profit des acheteurs, roturiers en quête de biens nobles, risquait d'être anéantie tout à fait. On voit, par exemple, le riche marchand Dauphin Pastoureau acheter du sire d'Albret presque toute la châtellenie de Nontron [1], sans compter beaucoup d'autres terres éparses dans le Limousin. C'est aussi un marchand de Bordeaux, Arnaud de Lescale, qui achète l'hôtel de Tartas [2]. Bien que les ventes se fissent d'ordinaire avec condition de rachat pour une époque déterminée, le feudataire oubliait souvent le terme du *réméré*, ou n'était point en état de restituer le prix de vente, ce qui pouvait amener la perte définitive du fief [3]. Les aliénations d'Alain portèrent presque toujours sur le comté de Périgord et la vicomté de Limoges, domaines qui ne faisaient point partie de l'ancien patrimoine d'Albret, et qu'il était obligé d'ailleurs de partager avec son fils aîné Jean, roi de Navarre, héritier de sa mère Françoise de Bretagne. Jean d'Albret se plaignit fortement que son père eût abusé de sa mi-

maniales, faites en Périgord et en Limousin, par Alain d'Albret et Jean, roi de Navarre; E. 661 et E. 662, même liste. Alain reconnaît lui-même (E. 110) que « des conté de Périgord et viconté de Limoges ont esté vendues plusieurs belles pièces montant à plus de 80,000 francs. »

1. E. 809, 810.
2. E. 133, etc.
3. C'est ce qu'indique clairement ce passage d'une lettre du cardinal d'Albret à son père, au sujet des *pactes de réméré* du Périgord (E. 104). « Monseigneur, je seroye d'advis que debvriez mectre poine de recouvrer tous les pactes de réméré des pièces qui ont esté vendues es comté de Périgord, viconté de Limoges; car, comme j'entendz, il y en a plusieurs dont le temps dudit réméré est passé et d'autres qui passera bientôst. Desquelz si l'on n'entendz autre chose y fere, de ma part ne vouldroye mectre en devoir les rachapter; mais qu'il vous plaise me donner la permission de ce fere, *afin que ne se perdent*, etc. »

norité pour aliéner une portion notable de ces deux fiefs [1]. Il protesta à plusieurs reprises contre la vente des châtellenies [2]. Enfin, craignant de voir le comté de Périgord et la vicomté de Limoges fondre entre les mains paternelles, il dut avoir recours, en 1500, à l'autorité suprême du roi. Une ordonnance de Louis XII (23 octobre 1500) permit à Jean de racheter les terres du Périgord et du Limousin engagées par son père, Alain, « qui a profité de la facilité de son bas-âge pour « démembrer les dites seigneuries à son grand préju- « dice [3]. » Le blâme infligé ici au sire d'Albret n'empêche pas de croire qu'en cette circonstance il ne fût pleinement d'accord avec son fils. En général, les acheteurs prudents exigeaient, avec le consentement du sire d'Albret, la ratification du roi de Navarre [4] ; mais tous ne prenaient pas cette précaution. L'ordonnance s'adressait surtout aux détenteurs du domaine féodal obligés de trouver cette raison valable et de restituer, sur la somme due, les biens dont ils se flattaient de rester à jamais propriétaires [5].

---

1. E. 110 : *Consultation pour le Roy de Navarre.* « Item, fault présupposer que depuis XXX ans en ça, monseigneur d'Albret a eu fiez plusieurs et grandes donations des subjects du Roy, en Périgord et Limousin, montant à plus de IIIIXX mil livres et depuis le trespas de feue madame sa femme (Françoise de Blois), et faisoit à ce condescendre lesdits subjects, *disant que c'estoit pour achapter ce qu'il avoit vendu.* »
2. E. 110 : Le roi de Navarre se plaint que la seigneurie de Ribérac ait été donnée par son père à Odet d'Aydie sans son consentement. — Cf. E. 234 : il proteste contre la vente de la paroisse de Verin.
3. Bibl. nat., fonds Doat, t. 246, f° 148. Ordonnance datée de Bordeaux, 23 oct. 1500.
4. E. 853.
5. On voit les hommes d'affaires du sire d'Albret se plaindre à chaque instant de la ténacité avec laquelle les particuliers envahis-

Aux engagements et aux ventes qui, sur beaucoup de points du domaine, dépouillaient le sire d'Albret, en tout ou en partie, de ses droits seigneuriaux, s'ajoutaient les hypothèques dont ses meilleures terres étaient grevées. Les assignations de rente, multipliées outre mesure, enlevaient souvent au seigneur le plus clair de son revenu et le privaient, dans les nécessités les plus pressantes, des ressources dont il croyait pouvoir disposer [1]. Le crédit d'Alain et de sa maison, compromis par tant de causes, se trouva bientôt ébranlé à tel point que, vers la fin de sa vie, ce propriétaire, dont le domaine équivalait à près de dix de nos départements, ne pouvait plus que difficilement faire un emprunt. En 1516, son petit-fils et héritier, Henri II, roi de Navarre, se voyait refuser par le financier Guillaume de Beaune la somme qui lui était nécessaire pour figurer honorablement à la cour de François Ier [2].

Comment les feudataires pouvaient-ils donc parer à l'insuffisance de leurs revenus? En recevant l'argent du roi.

---

saient, sur tous les points, le domaine féodal. Voir Bibl. nat., fonds Doat, t. CCXLVI, f° 86 : *Mémoire pour Alain d'Albret et Françoise de Bretagne*. « Ils ont de grands biens dans le Limousin. Mais veu leur longue minorité, n'ont eu aucune connoissance de grande partie de leurs domaines à eux appartenant, jusques à près de deux ans en ça qu'ilz sont excreus et venus en âge de connoissance et de majorité. — Que beaucoup détiennent de leurs domaines ; qu'ils faut auxdits seigneurs lectres royaulx adressées aux sénéschaux de Limousin et de Périgord, pour rentrer dans ces biens. » Cf. *Ibid.*, f° 98, sur les usurpations des gentilshommes dans la châtellenie de Masseré.

1. E. 157 : Alain donne à Philippe de Commines une rente de 200 écus d'or sur la châtellenie de Montignac. E. 216 : Il assigne 500 livres de rente, sur la seigneurie de Ste-Bazeille, à Raymond de St-Maurice, etc.

2. Arch. des B.-Pyr. E. 99 : Lettre de Catherine de Foix au sire d'Albret.

Tous les nobles alliés de près ou de loin au sang royal, chargés par la monarchie de fonctions civiles ou militaires, étaient gratifiés d'une pension dont le chiffre variait suivant la qualité du pensionnaire, la valeur du service rendu et les dispositions du roi. Depuis que la maison d'Albret s'était ralliée à la dynastie des Valois et détachée de la suzeraineté anglaise, elle touchait régulièrement sa part des deniers de l'État. En 1368, le mariage d'Arnaud-Amanieu avec Marguerite de Bourbon, proche parente du roi Charles V, éleva la pension du sire d'Albret à quatre mille livres (120 000 francs)[1], et, dès lors, tous les membres de la famille participèrent au budget royal [2]. Dans le courant du xve siècle, les sires d'Albret reçurent, de père en fils, cette somme de quatre mille livres, sorte de traitement fixe auquel s'ajoutaient les pensions temporaires et les gratifications accordées pour services spéciaux. Ils prenaient l'argent qui leur était ainsi assigné tantôt sur les revenus d'une terre dont ils obtenaient la seigneurie; tantôt, en espèces, sur les trésoriers ou les receveurs établis, pour le roi, à Paris et dans les provinces. Ce

---

1. Le P. Anselme : Généalogie d'Albret, t. VI, et Note sur le comté de Dreux (Art de vérifier les dates).
2. Don de 1,000 francs d'or, à Bérart d'Albret, 17 août 1369. — De 1,500 fr., au même, le 18 mars 1383. — De la terre de St-Tropez, à Arnaud d'Albret, 23 juin 1369. — D'une pension de 6,000 livres, à Raimond d'Albret, 8 août 1369. — De 50 fr. d'or, à Agnadet d'Albret, 29 août 1372. — De 80 fr. d'or, à Raimond d'Albret, 20 mai 1377. — De 700 livres, à Charles Ier, sire d'Albret, 28 janvier 1402. — De 200 fr. d'or, au même, 20 janvier 1405. — De 12,000 livres, au même, 18 juin 1409, etc. — De 200 livres, à Guillaume d'Albret, 5 mai 1425. — D'une pension de 2,000 l. t., à Charles II, sire d'Albret, 9 février 1425. — De 12,000 l., au même, le 13 novembre 1425, etc.

dernier mode de payement, moins nuisible à l'autorité monarchique, plus commode et plus sûr pour les feudataires, prévalut depuis le milieu du xv° siècle.

Alain d'Albret hérita naturellement des avantages pécuniaires dont avait joui son grand-père et prédécesseur, Charles II, un des seigneurs du Midi qui avaient le plus puissamment aidé le roi Charles VII à chasser les Anglais de la Guyenne [1]. Son traitement s'élevait ou s'abaissait selon l'état du trésor, le nombre de lances confiées à sa direction, la situation en paix ou en guerre, la bienveillance ou l'hostilité du pouvoir. De 1488 à 1490, la pension est supprimée parce qu'il prend part à l'insurrection de Bretagne et combat Charles VIII et la régente. Vaincu à Saint-Aubin-du-Cormier, il est cependant payé, en 1490, sur le pied de dix-huit mille livres, chiffre considérable qui s'explique par la nécessité où fut Charles VIII d'acheter du sire d'Albret la reddition de Nantes. On vit, dans cette circonstance, jusqu'où pouvaient aller les exigences pécuniaires d'un seigneur qui, toujours à court d'argent, avait enfin trouvé l'occasion d'ex-

---

[1]. Le tableau suivant donne les chiffres de la pension ordinaire du sire d'Albret, aux différentes époques de sa vie :

1471, 1er juin,	2,000 livres,	—	60,000 fr. (*Bibl. nat.*, série des titr., dossier Albret).
22 juillet,	4,000	—	120,000 fr. (*Arch. des B.-Pyr.* E. 652).
6 octobre,	3,000	—	90,000 fr. (E. 74.)
1472, plus de	5,000	—	150,000 fr. (Série des titres.)
1486,	4,000	—	120,000 fr. (Fonds Doat, t. CCXXV, f° 162.)
1490, 31 mars,	18,000	—	540,000 fr. (E. 87.)
1494, 18 août,	6,000	—	180,000 fr. (E. 88.)
1501, 20 avril,	8,000	—	240,000 fr. (Série des titres.)
1502, 15 juin,	14,500	—	420,000 fr. (*Ibid.*)
1503, 12 juillet,	14,000	—	420,000 fr. (*Ibid.*)
1505, 20 mars,	6,000	—	180,000 fr. (*Ibid.*)
1512-1513,	8,000	—	240,000 fr. (E. 101.)
1516,	12,000	—	360,000 fr. (E. 103.)

ploiter le roi et la caisse royale. Alain demande, sans hésiter, cent dix mille écus comptant, vingt-cinq mille livres de rente pour ses droits sur la Bretagne, dix-huit mille livres de rente « à la charge d'une compagnie de cent lances, » dix-huit mille livres de rente pour son fils le roi de Navarre, six mille livres de rente pour son autre fils Gabriel, seigneur d'Avesnes, six mille livres comptant pour le sieur de Saint-Morice et le sieur de Lissac, deux de ses créatures, une pension de douze cents livres pour son ami de Cardilhac, etc[1]. Charles VIII promit aussi aisément qu'Alain demandait, mais, une fois maître de Nantes, il réduisit considérablement ses concessions. Les préparatifs coûteux de la guerre d'Italie lui interdisaient toute prodigalité envers les feudataires ; il vit le sire d'Albret à Vienne et l'amena à « se condescendre et modérer à une rente de six mille livres[2]. » Restreinte ainsi à son chiffre normal, la pension d'Alain s'accrut de nouveau jusqu'à huit mille et même quatorze mille livres durant les premières années du règne suivant. Louis XII avait besoin du sire d'Albret qui voulut bien accepter pour gendre César Borgia, et se charger de défendre la frontière pyrénéenne, menacée par les Espagnols pendant la guerre de Naples. Mais, à partir de 1504, commença la disgrâce d'Alain et sa pension s'en ressentit. Réduite à six mille livres en 1505, elle fut très-probablement supprimée de 1507 à 1512. L'accord entre le roi et le feudataire s'étant rétabli l'année suivante, vu la nécessité de faire face à l'invasion espa-

1. E. 88. Traité de Nantes.
2. E. 88. Lettre de Charles VIII, datée de Vienne, le 18 août 1494.

gnole, la pension remonte à huit mille et même à douze mille livres sur la requête d'Anne de Bretagne.

Malgré toutes ces vicissitudes, le sire d'Albret, sauf aux époques de lutte ouverte avec la royauté, toucha régulièrement, chaque trimestre, le quartier de pension qui lui permettait de pourvoir aux nécessités les plus pressantes et d'attendre ses revenus féodaux toujours difficilement et tardivement prélevés. Mais il paraît que les feudataires avaient besoin de stimuler l'exactitude des receveurs royaux, car nous lisons dans un compte de 1470[1] : « Item, donné à Jean de « la Place, receveur pour le roi en Limousin, pour « lui faire plaisir de bien payer la pension de mon-« seigneur pour la dicte année, cinquante livres » (1500 fr.). Les commis même du receveur étaient gens à ménager : « Item, donné au clerc du receveur, pour « diligenter toujours la pension de monseigneur, cinq « livres » (150 fr.).

Les hauts et puissants princes comme Alain se voyaient donc obligés de se concilier les bonnes grâces des plus petits employés des finances. A plus forte raison recherchaient-ils surtout l'amitié des *généraux*, si influents dans le conseil. Le sire d'Albret témoignait une vive affection au général de Beaune, le traitait, comme nous l'avons vu, de « très-cher et grand ami[2], » et partageait son logis quand il venait à Tours[3]. Qu'aurait pensé de cette intimité la fière et ombrageuse noblesse de l'âge précédent? Tout s'effa-

---

1. E. 650. Compte de Charles de Berne.
2. E. 88. Promesse de paiement faite à Jacques de Beaune.
3. Cette intimité apparaît surtout dans le procès du maréchal de Gié. Bibl. nat. Procès de Gié, ms. 2717, f° 114.

çait déjà devant l'argent, et le receveur du roi devenait une puissance. Liés envers le trésor royal, les feudataires ne voyaient-ils pas leur liberté d'action singulièrement diminuée ? Le roi les tenait par l'intérêt : en perdant sa faveur, on se privait d'un revenu régulier, que le manque de numéraire et les exigences du luxe rendaient presque indispensable. Alain, le moins courtisan de tous les seigneurs de son époque, reçut de l'État, pendant ses cinquante années de seigneurie, une somme qu'on peut évaluer environ à six millions. Assujettis déjà au point de vue pécuniaire, les chefs des grandes maisons féodales ne pouvaient plus que difficilement tenir tête à l'autorité du souverain.

Il est vrai que celui-ci, en pensionnant les nobles, ne paraissait que leur accorder la juste rémunération de leurs services dans l'armée royale ; mais les fonctions militaires mêmes constituaient une dépendance. Tous les historiens qui ont étudié le XVe siècle remarquent avec raison que l'institution des compagnies d'ordonnance, composées de cavaliers nobles, non-seulement assurait à la royauté une force nécessaire à l'exécution de ses volontés et à la défense de la nation, mais encore secondait merveilleusement la tâche qu'elle avait entreprise de ruiner toute indépendance seigneuriale et de concentrer tous les pouvoirs entre ses mains [1]. La petite noblesse qui entrait dans les « lances fournies [2] » était soldée par le roi, obligée de loger dans les villes que désignaient les commissaires

---

1. Boutaric, *Institutions militaires de la France*, p. 315.
2. *Ibid.*, p. 315, en note.

royaux, soumise à un capitaine nommé par le roi. Elle se formait donc à l'obéissance et abdiquait la fière et rude liberté de la vie féodale. Quant aux capitaines des compagnies, choisis dans la haute aristocratie ou parmi les gens de guerre en renom, ils recevaient de véritables gages et prenaient place parmi les *fonctionnaires* de la monarchie qui les employait à son gré. Responsables de leurs soldats, ils avaient charge spéciale de défendre le peuple contre les excès des gens d'armes : ils étaient devenus, suivant l'expression d'un de nos historiens les plus érudits, « des prévôts et des justiciers institués par la royauté pour protéger la société, notamment les laboureurs et les commerçants [1]. »

Le rang élevé du sire d'Albret, la parenté de sa famille avec la maison royale le désignaient naturellement pour exercer d'importantes charges militaires dans la région sud-ouest du royaume. Comme tous les grands personnages du temps, il eut sa compagnie d'ordonnance pour laquelle il prêta serment aux rois, et reçut d'eux une somme trimestrielle proportionnée à sa dignité et au nombre de gens d'armes qui lui étaient assignés. Le chiffre des lances soumises à son commandement fut d'ailleurs en rapport constant, soit avec le degré de confiance qu'il inspirait au pouvoir, soit avec les nécessités du moment [2]. Sous Louis XI,

---

1. Pierre Clément, *Jacques Cœur et Charles VII*, p. 102.
2. 1483 (décembre). 100 lances. E. 87.
   1486, pas de compagnie.   E. 106.
   1490 (avril).   100 lances. E. 88. Traité de Nantes.
   1492 (février).   100 lances. P. Anselme, généalogie d'Albret,
t. VI, p. 222.   (*Voir, au verso, la fin de la note.*)

nous voyons le sire d'Albret demander et obtenir sans doute une compagnie de cent lances (1471). Charles VIII lui confirme ce commandement en 1484. La véritable raison de cette faveur réside dans l'espoir que la régente Anne de Beaujeu fondait sur le sire d'Albret qu'elle croyait dévoué à sa cause et disposé à la soutenir devant les futurs États-généraux de Tours. Mais elle ne tarda pas à être détrompée : Alain se servit de sa compagnie dans un intérêt tout féodal, pour faire la guerre au vicomte de Narbonne compétiteur de sa bru Catherine de Foix [1], ou pour forcer certains pays du Midi à reconnaître sa domination [2]. Bientôt même, s'associant à la ligue formée contre la régente par les ducs d'Orléans et de Bretagne, il tourna contre la royauté le corps de cavalerie dont elle lui avait confié la garde : exemple fâcheux donné aux autres capitaines, trahison militaire sur laquelle Charles VIII, dans une lettre de 1490, insiste avec

1495 (octobre). 50 lances. Bibl. nat. Sér. des tit., dossier d'Albret.
   (Février). 150 lances. *Ibid.*
1498 (juillet). 50 lances. *Ibid.*
   (Août). 50 lances. *Ibid.*
1500 (mai). 50 lances. *Ibid.*
1507. 50 lances. Jean d'Auton, dans le recueil de Godefroy, p. 112.
1508-1511. Pas de compagnie. E. 110.

La lettre royale qui l'institua capitaine de cent lances, en 1453, portait en tête les considérants suivants : « Charles, etc., faisons sçavoir que pour la grant et singulière et entière confiance que nous avons de la personne de notre très-chier et amé cousin, le sire d'Albret, et aussi pour la proximité du lignaige dont il nous atteint, à icelui, pour ces causes et consideracions et autres à ce nous mouvans, avons baillé et baillons par ces présentes la conduicte des cent lances fournies de nostre ordonnance que ont eu par cy devant nos amez et feaulx conseillers Anthoine de Bonneval, chevalier, et Jehan Lotilier, etc.

1. E. 109.
2. Bibl. nat., ms. 16834. Gaure et Albret.

amertume : « Iceluy nostre cousin d'Albret fist tant que les dictes cent lances dont il avoyt eu charge de par nous, ou la plus part d'icelles, habandonnèrent nostre service et prinrent le parti du dit duc Francoys[1]. » Alain fut naturellement destitué de son commandement ; mais le même traité de Nantes qui lui rendit ses pensions le remit en possession de sa compagnie. Il exigea la charge de cent lances fournies pour lui et de cinquante lances pour son ami Cardilhac, sieur de Saint-Circ. Malgré les soupçons trop justifiés que devait inspirer sa conduite passée, on crut nécessaire de lui conserver la conduite de cent et même de cent cinquante lances pendant les guerres d'Italie et de Roussillon, en 1495. Mais le gouvernement de Louis XII, presque constamment défavorable au sire d'Albret, ne lui laissa jamais qu'une compagnie de cinquante lances, jusqu'au moment où, devenu ouvertement hostile à la Navarre, il la lui supprima tout à fait. A partir de 1512, Alain n'exerça plus que nominalement sa fonction de capitaine d'ordonnance.

Quoi qu'il en soit, tant que durèrent ses services, il reçut, chaque année, pour cent lances, douze cents livres tournois (36 000 fr.); pour cinquante lances, six cents livres (18 000 fr.) de gages. Ce tarif, qui demeura le même au moins pour les années comprises entre 1483 et 1500, ne fut dépassé qu'une fois en 1491, lorsqu'au traité de Nantes Alain n'hésita pas à réclamer, comme nous l'avons vu, à charge des cent

---

[1]. Dom Morice, *Hist de Bretagne*, Preuves. — Lettres de Charles VIII au duc de la Trémouille. (Publication du duc de la Trémouille).

lances qu'on lui rendait, un traitement de dix-huit mille livres (540 000 fr.).

Ce ne fut pas seulement comme chef d'une compagnie que le sire d'Albret se laissa employer et solder par la royauté. Il exerça, sous Charles VIII et sous Louis XII, la charge de *capitaine du Château vieux et tours Saint-Esprit* [1], à Bayonne, qui mettait sous sa garde cette place de guerre importante, la plus redoutable des forteresses opposées aux invasions espagnoles. Enfin, toutes les fois que la frontière pyrénéenne fut menacée par les rois d'Aragon, il reçut avec le titre de *lieutenant et capitaine général du roi en Guyenne*, la mission de diriger en chef la défense du pays. Comme lieutenant général [2], il commandait les compagnies, faisait la *montre*, donnait ses ordres aux sénéchaux, conduisait le ban et l'arrière-ban des diverses sénéchaussées, et veillait à l'arrivage des vivres. Comme capitaine général, il levait et commandait le corps des francs-archers [3].

---

1. E. 90.
2. Sur les fonctions de *lieutenant général*, voir Boutaric, p. 273, et sur celles de *capitaine général*, p. 321.
3. Voici le préambule de l'ordonnance de Louis XII, qui conférait, le 8 juillet 1503, la lieutenance générale de Guyenne au sire d'Albret : « Louis, etc. Comme pour préserver et garder nos bons et loyaulx subjects des griefs et oppressions que chascun jour s'efforcent de faire, sur nos royaulmes de France et Naples, le roy et royne d'Espaigne, en nostre très-grande desplaisance, et pour obvier à leurs entreprises qu'ilz pourraient faire et exécuter mesmement en nostre pays et duchié de Guyenne assis sur frontière d'Espagne, soit expédient et chose très-nécessaire pourvoir nos dites frontières *d'un bon chief et grand personnage, expérimenté ou fait de la guerre, puissant à résister oudictes entreprises*, scavoir faisons que nous, ayans considération aux choses dessusdites et désirant y pourveoir, confians entièrement et à plain des *sens, vaillance, loyaulté et experiance et bonne diligence de nostre très-cher et très-amé cousin, le sire d'Al-*

Ainsi, malgré les actes de méfiance ou même d'hostilité directe dont il fut quelquefois l'objet de la part des rois de France, Alain rechercha constamment, comme tous les seigneurs ses contemporains, les dignités militaires que réclamait son rang de prince allié au sang royal et dans lesquelles il voyait surtout un moyen commode et sûr de combler le vide de son trésor. Étrange condition que celle de ce chef féodal qui servait la monarchie et acceptait son argent, pendant que, sur tous les points du domaine d'Albret, ses officiers luttaient pied à pied contre ceux du roi! Telle était la situation contradictoire faite aux feudataires du xve siècle, qu'il leur fallait, chez eux, combattre les empiétements de l'autorité souveraine tout en subissant son joug à l'armée et à la cour. Ce n'est pas là un des faits les moins curieux de l'histoire de la France à cette époque. Sans aucun doute, cet assujettissement partiel de la féodalité, au point de vue financier et militaire, prélude d'une soumission plus complète, marquait déjà un progrès considérable du principe monarchique. On a observé avec raison que les communes françaises disparurent presque toutes à la fin du xiiie siècle, succombant non-seulement sous

---

bret, comte de Dreux et de Périgort, le faisons et instituons nostre lieutenant et cappitaine général, etc., etc. »(E. 95.) En dépit de ces formules flatteuses, Louis XII n'avait qu'une confiance très-limitée dans le haut feudataire auquel il déléguait une partie importante de son autorité. Sous son règne, Alain ne fut qu'une fois lieutenant général et même, en 1508, il se vit enlever sa charge de capitaine du château de Bayonne, dont par un acte de courtoisie on lui laissa cependant les gages (E. 97, Lettres de Louis XII). Sous Louis XI, au contraire, il avait été chargé à trois reprises de grands commandements militaires dans le Hainaut (Bibl. nat., coll. Legrand. t. XXV, f° 123) et sur la frontière d'Espagne. (E. 77.)

l'hostilité des rois, mais encore sous leurs propres excès, et victimes, avant tout, de leur mauvaise gestion financière. Une remarque analogue pourrait s'appliquer justement à la féodalité du xv° siècle. Par ses désordres intérieurs et l'insuffisance de ses ressources, elle se jetait d'elle-même entre les bras de la royauté, au moment même où celle-ci entreprenait de la ruiner.

CHAPITRE III

LES PROCÈS D'ALBRET ET LA JUSTICE ROYALE

La multiplicité des procès, nouvelle cause de ruine pour le fief. — Procès soutenus par Alain contre les particuliers. — Litiges relatifs à la propriété des châtellenies et aux droits féodaux. — Contestations pécuniaires : Alain, Ivon Dufou et Louis XI. — Procès concernant les grandes seigneuries d'Alain. — La succession de Blois-Bretagne : Périgord, Limousin, Avesnes. — Jean, sire d'Orval, et le comté de Dreux. — Arbitrage du sire d'Albret dans la querelle de ses deux fils, Jean et Amanieu. — Les hommes d'affaires ou les *solliciteurs* du sire d'Albret. — Correspondance de Charles de la Romagière : détails curieux qu'elle nous fournit sur les procès d'Alain et ses démêlés avec Louis XII. — Influence de ce souverain sur le Parlement de Paris. — Dépendance étroite des seigneurs vis-à-vis de la royauté, toute-puissante en matière de justice.

Une des causes les plus actives de cet appauvrissement de la noblesse, c'est la multiplicité des procès. Pas de fief qui ne soit contesté, pas de seigneur qui n'ait à défendre son bien contre l'avidité d'autrui. Les procès sont le fléau de la société féodale. D'abord ils absorbent une grande partie des loisirs du feudataire. Il lui faut sans cesse rechercher des titres égarés, faire compulser des testaments, fabriquer des généalogies, donner de longues instructions à ses chevaucheurs, correspondre enfin avec les hommes d'affaires qui le servent auprès des principales cours judiciaires du royaume. Trop heureux ensuite s'il n'est que ruiné en frais de justice, et s'il ne voit pas se réduire à néant un domaine dont toutes les parties se trouvent en litige ! Mais en outre, conséquence plus fâcheuse encore, son autorité s'abaisse forcément devant l'omnipotence des magistrats royaux et les caprices de la monarchie, qui exerce sur les Parlements une influence dont personne ne songe alors à s'indigner. C'est ainsi que les grands vassaux, embarrassés dans la chicane, sont obligés souvent de reconnaître que le roi est le maître de la justice publique aussi bien que des deniers de l'État.

Cette abondance de procès, désastreuse au point de vue des intérêts féodaux, est d'ailleurs, à prendre les choses de plus haut, un mal nécessaire et qui marque même un progrès de l'état social; ou, ce qui revient au même à cette époque, de la puissance souveraine du roi. Au moyen-âge, les différends survenus entre les seigneurs et leurs ennemis, roi, communes ou particuliers, se décidaient par des guerres privées ; on employait la violence pour se faire justice ; le pillage et le meurtre tenaient lieu de recours au droit écrit et au droit coutumier. Mais l'importance des juges royaux et le nombre des cas soumis à leur connaissance augmentèrent à mesure que la royauté elle-même se débarrassait de l'entrave féodale. Les procès affluèrent d'autant plus au Parlement de Paris et à ses succursales que le roi devint plus puissant. Après le règne de Louis XI, on peut constater que la plupart des grands événements de l'existence d'un feudataire se produisent devant les parlements sous forme de procès, et qu'ainsi apparaît définitivement close l'ère des luttes féodales à main armée. Une seule exception éclatante à ce fait général est donnée par la guerre de succession de Foix, à laquelle le sire d'Albret prit une part considérable, et qui désola tout le Languedoc pendant les règnes de Charles VIII et de Louis XII. Nous insisterons plus tard sur ce fait anormal en montrant quels furent les efforts tentés par la royauté pour réduire la guerre du Languedoc aux proportions d'une simple action judiciaire.

La maison d'Albret, pas plus que les autres, ne peut échapper à cette nouvelle cause de décadence. La vie d'Alain n'est, à vrai dire, qu'une longue série de procès où il paraît presque constamment occupé de maintenir les droits de sa maison contre les empiétements des gens du roi, contre l'esprit d'indépendance des municipalités, les prétentions de seigneurs rivaux ou de tenanciers usurpateurs. Aussi la plupart des documents qui concernent ce souverain féodal ont-ils rapport à ses procès. Laissant de côté, pour en faire un examen spécial et détaillé, les débats du sire d'Albret avec les officiers royaux et avec les communes, nous ne nous occuperons ici que des procès qu'il eut à soutenir contre les particuliers. Vers 1500, il se trouvait impliqué, comme défendeur ou demandeur, dans plus de soixante-dix affaires de ce genre, tant à Bordeaux, à Toulouse, à Paris, qu'à Rouen, devant l'Echiquier de Normandie [1]. Les procès d'Albret suf-

---

[1]. Il est vrai que son contemporain, le duc d'Alençon, en comptait, pour sa part, 49 pendants au grand Conseil seulement. (Arch.

firaient à nous fournir les données les plus intéressantes sur un côté peu connu de la vie féodale au xve siècle. Le sécheresse des actes où ils sont consignés cache souvent de piquants détails de mœurs qui dédommagent des longues formules et du style macaronique chers aux greffiers du temps.

Les plus nombreux mais les moins importants des procès d'Alain ont pour objet la propriété contestée d'une châtellenie ou d'une portion de châtellenie. Combien de difficultés devaient naître de l'enchevêtrement de droits féodaux qui remontaient souvent aux premiers temps du moyen-âge, de la bizarre division des fiefs que se partageaient huit ou dix propriétaires, de la complication inextricable amenée par les mariages entre parents, les testaments supposés, et en général par l'absence ou l'irrégularité des actes de l'état civil ? Si l'on consulte les titres relatifs aux fiefs compris dans le comté de Périgord et la vicomté de Limoges, on voit que presque tous donnent lieu à des litiges dont le Parlement de Bordeaux avait naturellement la connaissance, puisque les sénéchaussées de Périgord et de Limousin relevaient de sa juridiction. C'est ainsi que le sire d'Albret se trouve en procès avec le sire de la Force, pour la seigneurie de Castel-Nouvel [1] ; avec son cousin Jean, seigneur d'Orval, pour la seigneurie de Chaluz [2] ; avec Jean de Compignac, sire de Saint-Jean-de-Ligourre, pour

---

des B.-Pyr. E. 110 : *L'estat des procès de monseigneur et de madame d'Alençon*).

1. Arch. des B.-Pyr. E. 710.
2. *Ibid*. E. 713.

la châtellenie de Château-Chervix [1]; avec Jean d'Abzac, sire de Ladouze, pour le fief de Mazeyrolles [2]; avec Pierre de Luz, pour la seigneurie de Puynormand [3]; avec madame Anne de Gaudin, pour les terres de la Roche-Terrasson [4]; avec Pierre d'Ages, pour la possession du bourg de Saint-Maymes [5], etc. Quelques-uns de ces procès lui avaient été légués par les seigneurs ses prédécesseurs ; d'autres dataient de sa seigneurie et provenaient de dons faits à la légère ou de ventes à réméré sur lesquelles le vendeur revenait après l'époque fixée pour le rachat. Comme les autres grands fiefs du sire d'Albret partageaient, à ce point de vue, la condition du Périgord et du Limousin, on peut dire que, de tout son domaine, il comptait bien peu de terres dont il eût le droit de se croire le propriétaire incontesté. Ainsi s'explique la formule prudente, par laquelle les rois terminent l'acte de réception de l'hommage prêté par Alain, comme par tous les grands vassaux : *sauf notre droit et l'autrui* [6].

Quelquefois il s'agissait de se défendre contre une usurpation violente que ne justifiait aucune prétention féodale. Alain d'Albret et Françoise de Bretagne avaient joui paisiblement jusqu'en 1461 du château et de la châtellenie de Ribérac, lorsque Guy de Pons, vicomte de Turenne, « s'en vint au lieu de Ribérac, « et de faict, par force et violence se mist dedans le « château, monseigneur et madame estant en bas-

1. E. 716.
2. E. 769.
3. E. 842.
4. E. 103.
5. E. 97.
6. Bibl. nat., coll. Doat, t. CCXXXI, f° 191.

« eage et en pupillaige, » et garda sa prise pendant huit ans. Ce voisin peu scrupuleux avait profité d'un changement de règne et du plaisir singulier que Louis XI prenait, lors de son avénement, à réagir contre l'administration de son père. Il était allé trouver le nouveau roi, « luy avoit remontré que feu le roy Charles bannit son père du royaulme et luy confisqua ses terres et qu'il luy pleust les luy restituer » Alain et Françoise en appelèrent au Parlement de Bordeaux et se plaignirent que « soubz umbre de restitution » le vicomte eût mis la main sur le bien d'autrui. Le Parlement de Bordeaux donna raison aux demandeurs ; mais le sire de Pons porte appel de la sentence, et le procès, en raison de cet appel, demeura pendant de 1467 à 1477 : premier exemple de ces longueurs judiciaires qui caractérisent le siècle [1].

Quand la question de propriété n'est pas agitée, les contestations roulent le plus souvent sur les droits féodaux, utiles ou honorifiques. Le procès qu'Alain soutient contre Marguerite de Lasteyrie, dame du Château-Bouché, a pour objet les droits de justice de la terre du Mas-Cessineau [2]. Avec Anthoine Hélie, seigneur de Puyagut, il s'agit de l'hommage que celui-ci refuse au suzerain, et aussi des droits de justice [3]. Le sire d'Albret dispute au maréchal de Gié la foi et hommage de Fronsac [4] ; à l'official de Périgueux, le droit de nommer les maîtres d'école dans le comté de l'Péri-

---

1. Arch. des B.-Pyr. E. 93.
2. E. 685.
3. E. 653.
4. E. 103. *Mémoire des procès de feu monseigneur d'Albret.*

gord[1] ; à l'abbesse de Lezignan, la collation des prébendes du monastère[2] ; à François Arnol, sire de Lafaye, la capitainerie de Montignac[3] ; à Odet d'Aydie, sénéchal de Carcassonne, le droit de pêche dans l'étang de Montpaon[4] ; au chapitre de Saint-Front de Périgueux, une partie de la juridiction de cette ville[5] ; à l'archevêque d'Auch, la juridiction sur le comté d'Armagnac[6], etc.

Il peut arriver aussi que l'objet du litige ne soit qu'une simple somme d'argent. Jean de Caumont, seigneur de Lauzun, avait aidé de sa bourse le grand-père et prédécesseur du sire d'Albret, Charles II. Alain, héritier de cette dette, conteste la somme que le prêteur lui réclame, et ne consent qu'à une transaction[7]. Dans un procès du même genre avec Guillaume de Supplainville, il se voit obligé de payer dix mille écus d'or au demandeur qui les lui avait probablement prêtés pendant la guerre de Bretagne[8]. Les débats pécuniaires provenaient surtout de l'inexactitude avec laquelle les seigneurs de l'époque payaient les dots constituées à leurs filles par contrat de mariage. En 1476, Alain n'hésitait pas à réclamer à la maison d'Armagnac vingt-et-un mille sept cent soixante royaux d'or qui restaient dus aux d'Albret

1. E. 669.
2. E. 737.
3. E. 784.
4. E. 792 et E. 109.
5. E. 830.
6. Bibl. nat., coll. Doat, t. CCXXXI, f° 191 ; Gallia Christiana (1720), t. I, p. 1002.
7. Arch. des B.-Pyr. E. 88.
8. E. 90, 93.

sur un mariage conclu en 1334 [1]. Et cependant lui-même à cet égard n'était certainement pas sans reproche. N'eut-il pas à soutenir deux interminables procès contre ses belles-sœurs, Jeanne de Bretagne, dame de la Florellière, et Charlotte de Bretagne, dame de Montrésor, l'une et l'autre exigeant le paiement intégral de la dot qu'il leur avait promise pour les dédommager de leur renonciation à la succession de Guillaume de Bretagne [2] ? Enfin, en 1521, ne se vit-il pas condamné par un arrêt des requêtes du Palais à payer seize mille écus d'or, restant de la dot qu'il avait assignée à sa sœur Louise lorsqu'elle épousa d'Estouteville en 1480 [3] ?

Dans cet ordre de procès, l'affaire la plus originale fut celle que lui intenta en 1477 un des meilleurs capitaines de Louis XI, Ivon Dufou. Tous deux avaient été envoyés, l'année précédente, au delà de la Bidassoa pour faire la guerre aux Espagnols : Alain en qualité de lieutenant général, c'est-à-dire de commandant en chef, et Dufou, comme capitaine de cinquante hommes d'armes. Une bataille fut livrée, comme nous l'avons vu, à Renteria, bourg guipuzcoan que les Français victorieux mirent à sac. Le pillage terminé et l'armée revenue à Saint-Jean-de-Luz, on nomma, suivant la coutume de l'époque, des *butineurs* chargés « d'amasser le butin et rendre à ung chascung ce qui lui en appartiendrait. »

---

1. Bibl. nat., coll. Doat, T. CCXXII, f° 28. *Mémoire de ce que M. d'Albret demande à la maison d'Armagnac* (ann. 1476).
2. Sur le procès la Florellière, E. 76 et 633. — Sur le procès Montrésor, E. 80, 93, 94, 110.
3. E. 110. Arrêt du 13 février 1521.

Parmi les prisonniers de marque, sur lesquels les principaux capitaines français avaient un droit égal, se trouvait un certain seigneur de Masqueta dont la rançon fut fixée à quatre mille écus, mais qui refusa de se racheter. Le sire d'Albret avait, semble-t-il, des vues particulières sur ce captif qui était allié à d'importantes familles du pays basque, soit qu'il espérât s'en servir dans ses relations avec la Navarre, soit qu'il comptât en tirer beaucoup d'argent. Il représenta aux capitaines de l'armée de Biscaye que ce prisonnier, restant entre les mains des butineurs, coûtait fort cher à entretenir, et s'offrit à le prendre sous sa garde, promettant d'ailleurs, s'il ne le leur rendait pas, de payer exactement la somme indiquée pour sa rançon. Sa proposition acceptée, il emmena le captif à son logis. Mais il reçut alors une lettre de Louis XI qui lui commandait d'envoyer Masqueta à Plessis-les-Tours ; ordre qui fut exécuté. Après la guerre, le sire d'Albret alla trouver le roi et celui-ci, exprimant le désir de garder le prisonnier, demanda combien il lui en coûterait. Alain répondit « que par les capitaines il « avoit esté mis à la rançon de quatre mille escuz et « que son plaisir fust d'en bailler ladite somme. — Ce « serait trop, répliqua Louis XI, il n'est pas personne de « quatre mille escuz ; nous en donnerons mille escuz « et plus non. » Comment marchander avec un pareil monarque ? Le sire d'Albret dut consentir à cet arrangement et reçut, en échange de Masqueta, un billet royal ainsi conçu : « Nous, Loys, par la grâce de Dieu, « roy de France, promectons payer à nostre trés chier « et amé cousin, le sire d'Albret, la somme de mil escuz

« d'or dedans la feste de la Purification de Nostre-
« Dame prochainement venant ou plus tôt, s'il peut
« se fayre, et ce, pour la rançon d'un sien prisonnier,
« natif de Guibusque, nommé Martin Péris, seigneur
« de Mesquitte, qu'il nous a aujourd'huy baillé et
« livré en nos mains et duquel il a quitté la foy. En
« tesmoignaige de ce, nous avons signé ceste cédulle
« de nostre main. Au Plessis-du-Parc, le premier jour
« de décembre, l'an mil CCCC soixante-seize. Loys [1]. »
On sait que Louis XI promettait beaucoup et tenait
rarement. Peut-être le sire d'Albret avait-il d'avance
la conviction que le billet de mille écus serait une
non-valeur, toujours est-il « que de la dite somme il
ne receut oncques denier. » Néanmoins le capitaine
Dufou, au nom de ses compagnons d'armes, porta
plainte contre Alain par-devant le Parlement de Paris
et réclama les quatre mille écus. Le sire d'Albret allé-
gua pour sa défense qu'il avait effectivement promis
de payer la rançon du prisonnier, mais non pas quatre
mille écus ; que cette somme avait été demandée à
Masqueta, mais que la rançon n'avait pas été définitivement fixée à ce prix ; qu'enfin il avait eu soin d'a-
jouter, en se chargeant de la garde du captif, cette
réserve que le demandeur oubliait : « Pourveu que si
« le roy le voulait avoir, il l'auroit pour ce que son
« bon plaisir seroit [2]. »

1. Arch. des B.-Pyr. E. 77.
2. Arch. des B.-Pyr. E. 93. *Procédure instruite devant le Parlement de Paris, entre Alain, sire d'Albrêt, et Ivon Dufou*; Bibl. nat., coll. Legrand, t. XXIV, f° 41. *Écritures d'Alain d'Albret au procès qu'il avoit au Parlement de Paris, contre Ivon Dufou, sur quelque butin et des prisonniers faits dans la marche de Biscaye contre le Roy de Castille en l'année* 1475.

Nous ne savons quelle fut l'issue de ce procès; à coup sûr il était de peu de conséquence et de ceux qu'Alain pouvait confier, sans trop d'inquiétude, aux soins de ses nombreux procureurs. Mais les débats qui intéressaient les grandes seigneuries de son domaine le touchaient bien davantage et exigeaient toute son attention. Presque tous les fiefs dont il portait le titre étaient l'objet de procédures qui se déroulaient avec la lenteur traditionnelle devant le parlement de Paris. Il se qualifiait sire d'Albret, comte de Dreux, de Gaure, de Périgord, de Penthièvre, de Castres et d'Armagnac; vicomte de Tartas et de Limoges, captal de Buch et seigneur d'Avesnes ; mais les titres de sire d'Albret et de vicomte de Tartas [1] étaient les seuls qui ne lui fussent pas contestés. Ceux-là constituaient en effet le plus ancien patrimoine de la famille; quant aux autres, ils provenaient, comme nous l'avons vu, d'acquisitions récentes dues à des mariages avantageux ou à la générosité des rois de France. Ces derniers surtout donnèrent lieu aux plus ardentes compétitions.

Sans parler ici du comté de Gaure, pour lequel il n'eut à combattre que les agents du domaine royal, il lui fallut disputer le comté de Castres à sa sœur et à sa nièce, Marie d'Albret et Louise de Juge ; le comté d'Armagnac au duc d'Alençon; le captalat de Buch [2] à la maison de Foix-Candale.

---

1. La vicomté de Tartas entre dans la maison d'Albret, en 1338, par testament de Mathe d'Albret (deuxième fille d'Amanieu VII, veuve et héritière, depuis 1312, d'Arnaud Raymond, vicomte de Tartas), qui institue son héritier Bernard Ezy, son frère, sire d'Albret.

2. Le titre de captal de Buch est porté par les sires d'Albret depuis

Mais les discussions les plus longues et les plus vives portaient, d'une part, sur les fiefs venus de sa femme Françoise de Bretagne; d'autre part, sur le comté de Dreux donné en présent à la maison d'Albret par les Valois, dès 1382.

Dans toute l'histoire de France il n'y eut pas de débats féodaux plus féconds en complications inextricables que la querelle survenue entre les maisons de Montfort et de Blois pour la succession du duché de Bretagne et de ses dépendances. Par le fait, et après un demi-siècle de luttes sanglantes, la famille de Montfort resta en possession du duché breton, la famille de Blois resta maîtresse des dépendances qui comprenaient nominalement le comté de Penthièvre; effectivement la vicomté de Limoges, la seigneurie d'Avesnes et le comté de Périgord. Mais ni l'une ni l'autre ne renonça à ses prétentions; des deux côtés, la multiplication des héritiers amena au contraire un accroissement considérable du chiffre des procès; à chaque changement de seigneur, les discussions et les revendications se renouvelaient plus âpres; enfin, au milieu du xve siècle, les droits réciproques des deux maisons et ceux des divers membres de chacune d'elle se trouvaient plus enchevêtrés que jamais. Les affaires de Blois-Bretagne étaient une mine inépuisable de litiges que, pour la plus grande joie des praticiens du palais, ravivaient tous les jours des incidents nouveaux.

L'héritage de la branche de Blois demeura en la

la mort (1450) de Jean de Grailly, époux de Rose d'Albret. Sur le mariage d'Isabelle d'Albret et de Gaston de Candale, Arch. des B.-Pyr. E. 88.

possession d'Alain jusqu'à sa mort et put être transmis à ses descendants directs, Jean et Henri, rois de Navarre ; mais il lui fallut soutenir pour l'ensemble de la succession d'interminables débats avec les trois dames de la Florellière, de Boussac et de Montrésor, Jeanne, Nicolle et Charlotte de Bretagne [1]. La dernière surtout, plaideuse infatigable, n'hésitait pas à prétendre que le testament de Guillaume de Blois, rédigé en faveur de la dame d'Albret, était faux, et se plaignait amèrement qu'Alain et Françoise vécussent dans le luxe et dans l'abondance, tandis qu'elle, leur sœur, avait à peine de quoi se vêtir [2]. La durée de ces trois procès eût été certainement abrégée si le seigneur d'Albret se fût montré exact à servir aux plaignantes la rente qu'il leur avait accordée comme dédommagement. Mais ses retards continuels donnaient lieu à de nouvelles actions judiciaires qui prolongèrent la triple querelle jusqu'au delà du règne de Louis XII.

Chacun des états qui composaient le domaine de Blois comptait d'ailleurs ses prétendants particuliers. Sur la terre d'Avesnes et de Landrecies Alain devait combattre la rivalité de la famille de Chimay [3] ; dans la vicomté de Limoges, la grande cité limousine entendait n'appartenir qu'à elle-même ou au roi, et représentée par ses consuls, continuait contre le sire d'Albret le procès intenté aux quatre vicomtes précé-

---

1. Il a déjà été question des procès la Florellière et Montrésor ; sur celui de Boussac, v. Arch. des B.-Pyr. E. 83, 84, 96, et Doat, T. CCXLVI, f° 23.
2. E. 110 et 656.
3. E. 650. Comptes de Charles de Berne.

dents [1] ; enfin le comté de Périgord offrait aussi ample matière à la chicane. Sans parler des réclamations portées devant la justice par de petits gentilshommes périgourdins, comme le sieur de Monthéron qui faisait valoir des droits surannés remontant au comte Archambaud IV [2], il fallait que le sire d'Albret résistât aux prétentions des Valois-Orléans et des Valois-Angoulême, redoutables par leur proximité du trône. Le Périgord tenait en effet une place à part dans l'héritage de la maison de Blois ; il avait été vendu en 1437 au vicomte de Limoges, Jean II, par le poète Charles d'Orléans, en quête d'argent pour sortir de la captivité anglaise. Le fils et successeur de Charles, celui qui devait devenir Louis XII, n'osa pas nier la réalité d'une vente qu'il savait bien avoir rapporté seize mille réaux d'or à son père ; mais sa sœur, Marie d'Orléans, moins scrupuleuse, s'empressa d'intenter procès à l'acheteur et à ses héritiers. De son côté, la branche cadette des comtes d'Angoulême commença, contre la dame d'Albret et son mari, une procédure qui aboutit à la confirmation des droits de Françoise de Bretagne. Il fut démontré que le Périgord avait toujours appartenu, avant la vente, non aux Angoulême, mais aux Orléans ; et que d'ailleurs lorsque Marie d'Orléans se porta plaignante, le comte d'Angoulême n'avait rien réclamé pour lui [3].

Inquiété dans toutes ses possessions, en procès

1. Sur les relations de Limoges et du sire d'Albret voir le chap. IV.
2. Arch. des B.-Pyr. E. 103, 97, 669.
3. E. 76, 81, 93. Cf. René Chopin, *De domanio Franciæ* (1574), p. 454.

contre une nièce, une sœur et deux belles-sœurs, Alain dut également lutter, pour conserver le comté de Dreux, avec la branche cadette de sa maison représentée par sa tante Isabelle et son cousin Jean d'Albret-Orval. Il s'agissait entre eux d'une question grave et qui intéressait toutes les familles féodales. Le grand-père et prédécesseur d'Alain, Charles II, avait laissé en mourant le comté de Dreux à son troisième fils, Arnaud Amanieu, sire d'Orval [1]. La veuve et le fils de ce dernier, Isabelle et Jean, croyaient pouvoir paisiblement entrer en jouissance de ce fief, lorsqu'Alain, héritier direct de la seigneurie, envoya, aussitôt après le décès de son aïeul, des commissaires chargés de se rendre maîtres du château de Dreux, et de recevoir en son nom les hommages des tenanciers; ce qui fut accompli en quelques heures [2] (1471). Delà, longues contestations et procès entre le sire d'Albret et le sire d'Orval. Le premier alléguait pour sa défense que le grand-père des deux parties, Charles II, n'avait pas eu le droit de léguer le comté de Dreux à Arnaud Amanieu; qu'en vertu d'un usage existant de toute antiquité dans la famille d'Albret et ratifié par une constitution de Charles II lui-même le domaine d'Albret était indivisible et devait se transmettre de mâle en mâle à l'aîné de la maison; qu'enfin un accommodement avait eu lieu avec la veuve d'Arnaud Amanieu, par lequel les d'Orval recevaient en dédommagement

---

1. Voir les généalogies d'Albret dans l'Art de vérifier les dates et dans le P. Anselme.
2. Arch. des B.-Pyr. E. 136. Procès-verbal de la prise de possession du comté de Dreux, par Alain, sire d'Albret.

les seigneuries de Vayres et de Gensac [1]. Cette loi de l'indivisibilité du fief, commune à beaucoup de maisons françaises et justement remarquée par Machiavel [2], était, en effet, une des causes principales de la haute fortune des d'Albret. Le sire d'Orval n'en soutenait pas moins qu'il fallait s'en référer avant tout au testament de Charles II, que la volonté paternelle était souveraine et pouvait, à son gré, constituer des apanages [3].

Ce seigneur, gentilhomme brillant, intelligent et fort bien en cour, avait exercé des charges militaires et diplomatiques importantes sous les règnes de Louis XI, de Charles VIII et de Louis XII [4]. Un historien dit de lui : « petit corps, mais grande vertu » [5]. Il comptait, avant tout, pour gagner sa cause, sur la faveur royale qui ne lui fit jamais défaut, et réussit tout au moins à prolonger les procédures jusqu'après la mort de son cousin. Le célèbre avocat Disome plaidait pour lui contre Bochart, qui représentait Alain. Mais l'éloquence verbeuse de ces deux « grands praticiens » n'amena aucun résultat définitif. Le procès se continua sous François Ier, d'autant plus compliqué d'ailleurs que le comté de Dreux était revendiqué par plusieurs

1. E. 97. Procès Albret-Orval et E. 74, 99.
2. Œuvres complètes de Machiavelli (Buchon, t. I), tableau de la France, sous Louis XII. (*Ritratti delle cose di Francia.*)
3. René Chopin. *Ibid.*, p. 239, 242.
4. Gouverneur de Champagne, depuis le règne de Louis XI (Bibl. nat., coll. Legrand, t. XXV, f° 354, XXX, f° 129). maréchal de France, commandant de l'armée de Roussillon, en 1463 (Henry, *Hist. du Roussillon*, t. II, p. 76), il joue un rôle dans tous les grands événements de l'époque et notamment assiste à la bataille d'Agnadel (Godefroy, l. XII, p. 349), au banquet de Milan (*Ibid.* d'Auton, p. 260), etc.
5. Seyssel, dans Godefroy, l. XXII, p. 349.

autres prétendants. Au second rang venaient la maison comtale de Bourgogne-Nevers, forte des droits de Marie d'Albret [1], puis le seigneur d'Argenton, Philippe de Commines, à qui Alain avait vendu le comté [2]; enfin le seigneur d'Estouteville, qui le réclamait sous prétexte que le sire d'Albret ne payait pas la dot de sa sœur Louise [3].

Si au moins sa famille directe, son propre foyer domestique eussent pu se garder à l'abri de la chicane et de la fureur des procès ! Mais la discorde régnait sous ses yeux, parmi ses enfants. Comme s'il ne lui suffisait pas d'être partie dans les nombreux procès qu'il soutenait à Paris, à Bordeaux et à Toulouse, il lui fallut aussi devenir juge et décider comme arbitre dans le débat qui mit aux prises ses deux fils, Jean, roi de Navarre, et Amanieu, cardinal d'Albret. En 1513, le cardinal, que sans doute ne contentait pas le grand nombre d'évêchés et d'abbayes dont il était pourvu, jeta ses visées sur le comté de Périgord dont son frère aîné, Jean, héritier universel de Françoise de Bretagne, portait le titre. Il rappela qu'une clause du testament maternel donnait à son second frère, Gabriel, la seigneurie d'Avesnes, ou, si le roi de Navarre n'y consentait pas, le comté de Périgord; que Gabriel avait laissé un testament par lequel il le constituait, lui, Amanieu, comme héritier de tous ses biens et de tous ses droits; qu'enfin, il réclamait, outre cette succession, la part qui lui revenait légitimement sur la succession de son

---

1. Arch. des B.-Pyr. E. 97.
2. V. notre chap. II.
3. Rahlenbeck. *Philippe de Commines dans ses rapports avec la maison d'Albret*, p. 9.

troisième frère, Pierre d'Albret, également décédé. Le roi de Navarre, pour se défendre, nia que Gabriel d'Albret eût fait un testament, et ajouta qu'en tout cas il y avait prescription, puisque leur mère Françoise était morte depuis plus de trente ans. La cause fut dévolue au parlement; mais bientôt, les deux frères d'un commun accord « remirent leur différend à l'arbitraige de mon- « seigneur d'Albret, leur père, pour en ordonner selon « droit et conscience. » Cet arrangement devait particulièrement satisfaire le cardinal, qui savait que son père avait un grand faible pour lui ; Jean d'Albret se plaignait depuis longtemps qu'Alain eût aliéné ses terres du Périgord et du Limousin pour payer les voyages d'Amanieu à Rome [1]. Le sire d'Albret, placé ainsi entre ses deux fils, essaya de satisfaire l'un et l'autre ; il voulut tenir compte à la fois des testaments de Françoise de Bretagne et de Gabriel, et du droit reconnu à l'aîné par les constitutions d'Albret. La sentence arbitrale, rendue en 1516, adjugea « à monseigneur le cardinal, la chastellenie « de Montignac-le-Comte, assise en la comté de Péri- « gord, et la terre, chastellenie et seigneurie de Mo- « ruscles, assise en la vicomté de Limoges, sauf l'au- « torité et préhéminence du comte et vicomte, et ce par « manière de provision ». Comme on pouvait s'y attendre, cet arrêt paternel mécontenta vivement le roi de Navarre, qui protesta. Montignac, dit-il, est la principale place du comté de Périgord ; elle porte le titre de comte, elle doit appartenir par conséquent à celui qui reste comte de Périgord. De plus, la vicomté de Limoges,

---

1. Arch. des B.-Pyr. E. 110. *Mémoire à consulter pour le roi de Navarre.*

où est située Moruscles, est indivisible. Que signifie d'ailleurs cette provision accordée au cardinal ? « Les provisions ne se donnent qu'à gens pauvres qui n'ont de quoy se alimenter et non à gens riches et puissans comme est monsieur le cardinal ». Toutes ces raisons n'empêchèrent point le sire d'Albret d'exécuter lui-même sa sentence et de mettre son fils favori en possession des deux villes qui lui étaient assignées [1].

On voit quelle place considérable tiennent la justice, les débats judiciaires et les hommes de loi dans la vie d'un seigneur du XVe siècle. Parmi les procès qui l'accablent, beaucoup sont nés avant lui et lui survivront ; la plupart prennent toute la durée de son existence ; ceux qu'il voit se terminer en dix ans sont exceptionnellement courts. Qu'il se batte pour le service du roi, qu'il voyage pour affaires politiques ou se promène, le faucon au poing, dans sa résidence seigneuriale, il faut qu'il songe constamment à ses procès, aux pièces qu'il doit extraire de ses archives et produire devant les juges, aux grands personnages qui intercèdent en sa faveur auprès de la cour, à la nécessité souvent pénible où il se trouve d'aller lui-même à Paris visiter « messieurs du parlement » et surveiller en personne ses intérêts.

Quelle que soit l'activité dont il fasse preuve à cet égard, le feudataire est obligé, s'il ne veut point succomber sous la tâche, d'entretenir à ses frais, devant tous les Parlements, un certain nombre de *solliciteurs*, chargés de conduire les procès du fief. Le solliciteur

---

1. Arch. des B.-Pyr. E. 103.

est l'intermédiaire indispensable entre la maison féodale et la justice du roi. Il correspond avec le seigneur, lui demande les pièces nécessaires, les montre à la cour au moment voulu, dispose les juges en faveur de la cause et prépare le plaidoyer des avocats. En général, le solliciteur est un homme de robe, avocat ou procureur en Parlement, qui habite à poste fixe le lieu où réside la cour [1]. Quelquefois le même solliciteur est chargé de plusieurs parlements, ou désigné pour surveiller une catégorie spéciale de procès. Une lettre d'Alain, qui institue, le 23 mai 1521, M° Pierre Saulière en office de solliciteur, nous donne des détails intéressants sur la condition de ces utiles fonctionnaires féodaux du xv° siècle. Pierre Saulière, licencié en droit, est nommé solliciteur ordinaire aux Parlements de Bordeaux et de Toulouse, et partout où le sire d'Albret voudra l'employer, tant en Périgord et en Limousin qu'en Gascogne. Il devra s'occuper particulièrement des affaires du feu cardinal d'Albret. Son traitement fixe et annuel sera de cent livres tournois (3 000 fr.), somme qu'il recevra, par trimestre, du trésorier-général d'Alain. Quand on l'enverra hors de Bordeaux et de Toulouse, dans le Limousin ou dans le Périgord, il sera payé pour sa dépense quo-

---

1. C'est ainsi que le conseil des gens de loi parisiens, soldés par le sire d'Albret, se composait de M° Pierre Voisin, procureur au Parlement de Paris ; de M° Panthaléon Joubert, solliciteur des affaires d'Albret, à Paris (Arch. des B.-Pyr. E. 94) ; de M° Maurice Barbon, avocat au Parlement, *conseiller et solliciteur des procès et affaires du sire d'Albret* (E. 93 et 94), et de M° Etienne Duban, *procureur et solliciteur à Paris pour monseigneur* (E. 93). D'autres solliciteurs sont établis à Bordeaux, comme Pierre Arnault (E. 95) et Bertrand de Mérignac (E. 110) ; et à Toulouse, comme Jean Thorcy (E. 84 *bis*).

tidienne sur le pied de treize sous quatre deniers (27 fr.); ailleurs, sur le pied de quinze sous (30 fr.). Pour toucher le montant de ses journées de voyage, il lui faudra donner au trésorier l'indication exacte du jour où il a quitté Bordeaux et Toulouse et du jour où il y est rentré.

Cependant, les voyages qui ont pour objet les affaires du fief (surtout quand il s'agit des grands procès et des grandes seigneuries), ne sont pas toujours faits par les gens de robe et les solliciteurs ordinaires. Ils sont confiés aux *maîtres d'hôtel*, hommes de condition noble, sortes de conseillers intimes du seigneur qu'ils représentent auprès du roi et des grands. En 1469, Charles de Berne, maître d'hôtel d'Alain, alors simple comte de Périgord, fut chargé d'aller régler à la Haye, en Hollande, auprès du chancelier du duc de Bourgogne, une contestation qui s'était élevée entre Alain et les Chimay au sujet de la seigneurie d'Avesnes. A Paris résida, pendant toute la vie d'Alain, un gentilhomme, maître d'hôtel, auquel était dévolue la direction des affaires politiques et judiciaires de la maison. Cet emploi important et difficile fut tenu sous les règnes de Charles VIII et de Louis XII par Simon [1] et Charles de la Romagière, père et fils. L'un et l'autre furent tour à tour, comme on disait alors, « l'homme du sire d'Albret » à qui venaient s'adresser les seigneurs et le roi lui-même, quand ils avaient quelque communication importante à faire au feudataire gascon. C'est par l'entremise de Simon que se négocia

---

1. Arch. des B.-Pyr. E. 94.

tout d'abord, entre Louis XII et Alain, l'affaire délicate du mariage Borgia[1]. Quant à Charles de la Romagière, son rôle à Paris fut d'autant plus important que, de 1504 à 1511, le sire d'Albret, à peu près disgracié, n'apparut que très-rarement dans la capitale du royaume. Il lui fallut donc, jour par jour, instruire Alain de ce qui se passait soit au Palais, soit à la cour de Louis XII. On ne possède malheureusement de cette correspondance que la partie relative aux derniers mois de l'année 1509 (v.-st.)[2] et aux premiers de l'année suivante ; mais ce recueil de lettres d'une écriture détestable et d'une orthographe bizarre n'en reste pas moins fort précieux pour l'histoire de la maison d'Albret. Il contient des détails assez curieux et inédits sur certains points jusqu'à présent peu étudiés du règne de Louis XII, et nous donne une idée exacte de ce qu'étaient à cette époque les solliciteurs, de leurs fonctions diverses, des péripéties par lesquelles passaient les grands procès féodaux, des mœurs judiciaires du temps, et, ce qui nous intéresse le plus, du rôle que jouait au Palais la faveur royale. On sait combien les lettres détaillées et présentant un caractère intime sont encore rares au xvie siècle. Les feudataires correspondaient entre eux ou avec leurs officiers par des chevaucheurs qui recevaient, avec de longues instructions orales, un simple billet invitant le destinataire à ajouter foi « aux paroles du présent porteur. » De là l'insignifiance très regrettable des

1. E. 91.
2. Ces lettres se trouvent dans les cartons 94, 97, 104, 105, 106, de la série E. des Arch. des B.-Pyr.

documents épistolaires de cette époque. Les lettres de la Romagière, longues et confidentielles, font exception à cette loi ; mais le solliciteur a pris soin de cacher sous des pseudonymes les personnages importants qu'il met en scène. Dans sa correspondance le sire d'Albret s'appelle le Receveur ; Louis XII, Foucault ; le légat Georges d'Amboise, Guillemet ; le roi de Navarre, Bertrand ; la reine Catherine de Navarre, Perrine ; le vicomte de Narbonne, Brûlard ; le duc d'Alençon, l'Apothicaire ; le roi d'Angleterre Henri VIII, maître Antoine ; les Vénitiens, Tobie ; lui-même, Brochand, etc. Ces lettres du maître d'hôtel d'Alain sont complétées par quelques autres missives, écrites également de Paris à la même époque, mais sans pseudonymes et venant d'un officier du comté de Dreux.

Les détails de cette correspondance concernent le plus souvent les procès que le sire d'Albret soutenait au Parlement de Paris surtout ceux d'Armagnac, de Castres, de Gaure et de Dreux. Tous les jours le solliciteur, après avoir appris à son maître que telle affaire « est sur le bureau », le presse d'envoyer les pièces nécessaires à la production, et le gourmande sur sa lenteur et sa négligence :

« Nous avons le meilleur droit du monde au rap-
« port de tous gens. Il n'y a que ung point, c'est qu'il
« fault faire diligence [1]. Est besoing que, a extrême
« diligensse, envoyés la dispense du mariage de ma-
« dame vostre grand mère et son testament et aultres
« pièces qui pourront servir à la matière [2]. Nous ne

1. Lettre de Guillaume Dorinière, élu de Dreux (E. 94).
2. E. 104. Lettre de la Romagière.

« nous essforçons pas fort de poursuivre le fait d'Ar-
« magnac, veu que nous ne avons piesses pour pro-
« duyre et pour prover vostre génologie touchant d'où
« este descendu de madame vostre grand mère.
« Maistre Panthéléon dit qu'il vous a adverti, il y a
« longtemps, que envoyssiez le contrat de mariage de
« madicte dame et pluzieurs aultres piesses servant
« pour aprover la dite génologie, ce que n'avez fayt,
« et n'est vostre proffit; car quelque chose que l'on dit
« l'on pourssuit la judicature dudit prossès, et ne se
« produysons choses suffizantes pour aprover ladite
« génélogie, ay peur que y aurez domage. Vous avez
« de sy gros prossès icy et de grant conséquansse que
« vous ne y deviez esparner ne gens ne aultres choses.
« Monseigneur d'Alençon a icy catre gentilzhomes et
« de gens de robbe longue assès pour pourssuivre son
« affère. Mes si l'on avoyt piesses pour produyre, l'on
« leur feroyt bien perdre le caquet [1]. Je vous supplie
« ne soyez mal content ; car vos afféres sont toujours
« menés au loing et quand il vient au copt frapper,
« l'on est à recommansser, car l'on n'a les piesses
« pour produyre et l'on fait les consultacions quand
« les prossès se doyvent juger. Je le vous ay escript et
« vous le cognayssez assès. Si vous, qu'estes grant
« prinsse et grand terrien, plaidoyes dix mille livres
« de rente, se seroyt peu à vous à les perdre. Mes les
« matières que aves ici sont grosses piesses et de grant
« conséquansse, et qui doyvent être tenus par grans
« gens et bons serviteurs [2]. »

1. E. 104. Lettre de la Romagière.
2. E. 104. Lettre de la Romagière (9 mars 1509, v.-st.).

Ailleurs on informe le sire d'Albret de ce que font ses procureurs et ses avocats :

« Julians a besoigné nuit et jour, car le temps nous
« est brieff et demain consulterons avec Dixhomes et
« Bochart. Ledit Dixhomes vacille quelque peu en
« vostre affere. Recommandes à Dieu vostre droyt [1]. »

Un arrêt défavorable est-il rendu, comme celui qui dépouille Alain de la jouissance du comté de Castres, le maître d'hôtel proteste qu'il a tout fait pour l'éviter et rejette la faute sur les gens de robe :

« On dist que aves esté mal servi en Castres et que
« salvations ni contradictoires ne sont esté donnés de
« vostre part. Je en ay parlé à Mᵉ Pierre Voysin, le-
« quel m'a dit ha donné lesditz contraditz et salva-
« tions, mes que la court le pressa sy sobvant de les
« doner, que il n'eust le loysir de les faire mectre au
« net et les bailha ainsi que l'avocat les lui avoyt don-
« nés, tous glosés et postillés. Il eust été besoing que
« Mᵉ Pantheléon heust été ici. Tottefoys l'on dit que
« quant eussiez esté ici vous mesmes que aultre chose
« que se qui en a esté fait ne s'y fust fait [2]. »

Et cependant le solliciteur n'a ménagé ni ses pas, ni ses visites. Sa mission exige en effet tant d'activité et de vigilance ! Quand il a cessé de travailler avec les procureurs, il faut qu'il aille trouver messieurs du Palais pour tâcher de les bien disposer en faveur d'Alain; mais comme ce dernier est mal vu du roi, les magistrats ne s'y prêtent guère ; heureux si quelque juge hostile vient à s'absenter de la cour :

1. E. 104. Lettre de la Romagière.
2. *Ibid.*

« Le premier Président a pris congié pour s'en aller
« devers le Roy. Je suis bien ayse de quoy il s'en va :
« car il n'est pas des meilheurs pour vous [1]. »

Le plus sûr est encore de gagner la bienveillance de
certains grands seigneurs dont la recommandation est
toujours puissante auprès du Parlement. Tantôt la
Romagière va trouver le légat Georges d'Amboise
qu'une vieille amitié attache au sire d'Albret [2]; tantôt
il s'adresse au chancelier; le plus souvent il rend visite au cousin d'Alain, Jean d'Albret [3], sire d'Orval,
dont l'influence est grande sur le roi et sur les magistrats parisiens. Le sire d'Orval, nous l'avons vu,
est lui-même en procès contre son parent pour le
comté de Dreux ; mais les procès sont chose trop ordinaire, au XVIe siècle, pour constituer un obstacle aux
relations amicales des membres d'une même famille.
Jean d'Albret s'intéresse vivement aux affaires de son
cousin et lui donne d'excellents conseils, notamment
à propos de l'arrêt de Castres : « Bien dit monseigneur
« d'Orval que de vous porter comme appelant que se
« ne seroyt que bien fayt, mais que si le commissayre
« (chargé d'exécuter l'arrêt) feroye commander de
« bailher les plasces, et qu'il demandast ouverture de
« part le roy, que y devés obeyr [4]. » Il consent même
gracieusement à servir d'intermédiaire entre le sire
d'Albret et messieurs du Parlement :

« J'ay donné à monsieur d'Orval les lettres que luy

---

1. E. 104. Lettre de la Romagière (26 avril 1510).
2. E. 94. Lettre de la Romagière.
3. E. 104. Lettre de la Romagière (9 mars 1509).
4. Ibid.

« aves escript et luy dit de par vous qu'il se voulssit
« employer en ceste affère d'Armaignac. Il m'a promis
« que ainsi il fera. D'avant partir de ceste ville en par-
« lera à ses amis de la court pour vous y garder vostre
« droit... Aujourd'huy, monsieur d'Orval doit parler
« à monsieur le premier Président et aulstres de mes-
« sieurs en vostre faveur... Tous les jours voys voyr
« monsieur d'Orval, quar ainsi le m'a commandé, je
« le supplie que veilhe parler de sest affere. Il m'a
« promis sa foy qu'il vous y servira de tout son pou-
« voir et m'a dit que le cas lui touchayt et que quant
« le dit prossès seroyt sur le bureau que *tous les jours*
« *convicroyt de messieurs de la court à disner aveques lui*
« *pour leur recommander vostre affère* [1]. »

Ce n'est pas tout que de s'assurer l'amitié des personnes influentes ; il faut aussi que le solliciteur ait l'œil sur les menées des adversaires. Tantôt il s'agit du sire d'Orval « qui n'a pas fait gran pourchas de la
« matière de Dreux et semble qu'il seroit content ne
« l'avoir jà entamée [2] », et tantôt du duc d'Alençon, plus actif et plus redoutable :

« Monsieur d'Alençon est ici et madame la duchesse
« sa feme, et est venu ledit seigneur d'Alençon expres
« sement pour fere juger le prossès d'Armaignac [3]...
« Je ay parlé se aujourd'huy à des gens de monsei
« gneur d'Alençon qui m'ont dit que je estois ici pour
« vous. Je ay dit que oy. Ilz m'ont parlé de madame
« d'Aix (une des prétendantes au comté d'Armagnac)

1. E. 104. Lettre de la Romagière (9 mars 1509).
2. E. 97. Lettre de Guillaume Dorinière (13 mars 1509).
3. E. 104. Lettre de la Romagière (1509).

« et que elle fayt courir le bruit par tote seste ville
« que le tout est à elle. Et je leur ay dit qu'ilz en di-
« sent autant, mais que, quant tous les droits seront
« passés par l'escumoire, que le vostre sera meil-
« heur [1].... Monsieur et madame d'Alençon sont de-
« meurés ici après le roy et n'en partiront que n'ayent
« la fin dudit prossès. Mondit seigneur d'Alençon est
« venu faire la révéranssc à la court et luy recomman-
« der son affère. Aussi y vint Monsieur (le futur Fran-
« çois Ier) qui pareillement recommanda à ladite court
« l'affère dudit seigneur d'Alençon [2]. »

S'il importe au solliciteur de surveiller la partie adverse et de dénoncer ses démarches, il doit surtout se garder des tentatives de violence ou de corruption dont il est quelquefois l'objet. La Romagière écrit que les gentilshommes du duc d'Alençon l'ont invité à dîner, mais « qu'il n'y est allé [3]. » Un autre solliciteur proteste à cet égard de sa fidélité :

« Monseigneur, je vous advertis qu'on m'a voulu
« suborner par dons et promesses grandes, cuydant
« recouvrer de moy quelque chose que partie pense
« que j'ay. Mais, pour mourir, jamais n'y voulus pres-
« ter l'oreille ne voulenté et vous en tenez asseuré. Et
« quant l'on a veu que ne pouvaient riens faire par
« ce moyen, ils ont usé de grosses menaces dont ne
« tiens pas grant compte [4] ».

Il arrivait effectivement qu'on cherchât à enlever

---

1. E. 104. Lettre du 11 mars 1509.
2. E. 105. Lettre du même (28 avril 1510).
3. E. 104. Lettre du même (11 mars 1509).
4. Lettre de Pierre Gravelle, receveur de Dreux (21 fév. 1509).

au solliciteur, dépositaire des documents seigneuriaux, la pièce dont on aurait pu se servir contre lui et qu'il cachait soigneusement à l'adversaire. Dans le procès de Dreux, le sire d'Orval requiert Pierre Voisin et Panthaléon, hommes d'affaires de son cousin, d'exhiber à la cour un titre important qu'il soupçonne être entre leurs mains. Les deux procureurs nient imperturbablement qu'ils en soient détenteurs. La cour leur ordonne de le recouvrer du sire d'Albret dans un délai de deux mois. Mais le solliciteur écrit à Alain : « Il « vous seroyt impossible d'envoyer ladite piesse, car « vous ne l'avez pas. Il n'est jà besoing que vous « escrive plus amplement là où elle est, mais soiez « seur qu'elle est en seureté. Partie adverse est bien « loing de son compte, pensant trouver ce qu'il « cuyde : car jamés ne la recouvrera [1]. » Le sire d'Albret lui-même ne se faisait pas faute, le cas échéant, d'employer ses hommes d'affaires à dérober les pièces dont il avait besoin. En 1508, se juge à Nantes un procès que lui intentait Jean Parageau, receveur de Bretagne, au sujet d'une somme importante, et dans lequel, le sire de Rieux, maréchal de Bretagne, devait comparaître comme témoin. La reine Anne de Bretagne, indirectement mêlée à cette affaire, obtient que l'enquête soit menée en secret, et que les témoignages ne soient pas produits au jour. Mais le sire d'Albret juge nécessaire pour ses intérêts de connaître la déposition du maréchal et envoie à Nantes un de ses agents. Celui-ci se met en route « par le pire

---

[1]. E. 104. *Ibid.*

temps du monde à travers un païs où estoit la neige d'un demy-pied et les glaces dessoubz parmi les landes. » Il accompagne le commissaire du roi chargé de l'enquête jusqu'au château où résidait le maréchal, et essaie vainement d'apprendre soit des gens du sire de Rieux, soit du commissaire même, le résultat de l'interrogatoire. Il laisse comme espion, auprès du maréchal, un gentilhomme breton qu'il avait rencontré venant de Venise, et se hâte de reprendre le chemin de Paris avec le commissaire, qu'il tente, sans succès encore, de faire parler. Alors il trouve moyen, sur la route, de dérober « la gibecière que portait ledict clerc à l'arson de sa selle », y saisit la minute de l'enquête et, pour ne pas risquer de perdre le prix de son vol, découd son pourpoint et cache dans la doublure le précieux papier [1].

On voit jusqu'où pouvait aller le zèle du solliciteur et quelle variété de talents on exigeait de lui. La Romagière ne s'occupe pas seulement des affaires de justice ; il est tenu de donner à son maître des nouvelles de tous les membres de la famille d'Albret qu'il rencontre à Paris. Un jour il a vu les « enfans de Candale » petits-fils d'Alain, écoliers à l'Université : « Ilz font bonne chière, ains sont mal vêtus [2]. » Les gens du prince de Chimay lui ont dit que la princesse, fille du sire d'Albret, et son mari faisaient également « très bonne chère [3]. » Ailleurs, il s'agit de la duchesse de Valentinois, cette veuve infortunée qui s'est retirée

---

1. Sur le procès Parageau, voir E. 97 et E. 105.
2. E. 104. Lettre de la Romagière.
3. E. 94. Lettre du même.

« tout triste, » dit-il, à la Mothe Feuilly, et que le sire d'Albret devrait bien consoler en lui écrivant[1]. Mais il lui parle surtout de Marie et de Louise de Juge, sa sœur et sa nièce, qui viennent tous les jours au Palais et s'imaginent obtenir gain de cause contre les gens du roi au sujet du comté de Castres. Tantôt il les montre poursuivant de leurs requêtes les personnages influents de la cour, et s'adressant même un jour à Louis XII, qui ne leur répond mot[2], puis leur fait écrire qu'il les renvoie à sa justice[3]. Tantôt il s'apitoie sur l'inutilité de leurs démarches au Parlement. « C'est « pitié que de son fait, dit-il en parlant de la sœur « d'Alain, car elle en est bien loing de l'avoyr[4]. Les « gens du roy y contredisent fort, et elles ne savent « où elles en sont[5]. »

D'autre part il n'a garde d'oublier la *volerie* du sire d'Albret. « Vous me escripvez que vous trouve ung « faulconnier, je en ay trouvé ung bon et qui a de « bons oyseaulx[6]. Il a deux bons faulcons et ung « lanier agart, le tout volle très-bien. Se sont *fleurs ;* « se en volez de seulz là, je verray lesdits oyseaulz[7]... « j'ay veu monsieur de Laval qui les a veus voler et « dist qu'il y en a ung bon. Il les veult vendre soys- « sante escus[8]. »

Viennent enfin les nouvelles politiques. Le sollici-

---

1. E. 104. Lettre du même.
2. E. 104. Lettre du même, 20 mars 1509.
3. E. 105. Lettre du même, 28 avril 1510.
4. E. 94. Lettre de la Romagière.
5. E. 104. Lettre du même.
6. *Ibid*.
7. E. 104. Lettre du même (9 mars 1509).
8. E. 105. Lettre du même, mars 1509.

teur est à l'affût de tous les bruits qui courent au Palais et dans le public parisien. Les démêlés de Louis XII avec le roi de Navarre à propos du Béarn ; les préparatifs d'une nouvelle expédition française contre Venise ; l'alliance possible entre les Vénitiens et le roi d'Angleterre Henri VIII ; la mésintelligence naissante entre ce dernier et le roi de France ; le procès de l'amiral de Graville, les querelles entre courtisans attirent tour à tour l'attention de la Romagière qui donne à son maître sur ces différents événements de l'année 1509-1510 (v.-st.) des détails souvent fort curieux. Mais le maître d'hôtel d'Alain s'inquiète surtout de savoir si le roi doit venir bientôt à Paris, et quel sera son itinéraire : « Vous m'escripvez sy le
« roy est party de Bloys. Il est ainssi. Il est parti se
« jourd'huy. Il sera icy dedans 15 jours et fait son
« chemin par Orléans ainssi que monsieur de la Tré-
« mouille a fait scavoyr à monsieur d'Orval [1]... Le roy
« doit estre icy dedans deux jours, car les fourriers
« sont jà venuz [2]... Le roy arriva sabmedy dernier et
« lundi vint tenir audiansse au Palais où estoit mon-
« seigneur le légat, messieurs de Bourbon, Alençon,
« Vandôme, Orval, Saint-Paul, Nevers, Narbone et
« plusieurs aultres. Après disner ledit seigneur s'en
« est alé à Sainct-Denis. L'on dist qu'il yra fere
« Pasques fleuries à Melun, et ses Pasques à Troyes
« en Champaigne, et della à Lyon où la royne se doyt
« rendre. Le roy est sain et le fayt bon voyr [3]. »

1. E. 94. Lettre de la Romagière (31 janvier 1509).
2. E. 105. Lettre du même, 28 avril 1510.
3. E. 104. Lettre du même.

Ce n'est pas seulement pour satisfaire la curiosité du sire d'Albret que le solliciteur s'occupe ainsi du roi de France. Le séjour de Louis XII à Paris intéresse surtout notre feudataire, parce que ses procès peuvent s'en ressentir et que l'absence ou la présence du souverain exerce une singulière influence sur les dispositions de messieurs du Parlement. C'est par la correspondance de la Romagière qu'on voit nettement jusqu'à quel point les grands seigneurs qui plaident à Paris ont besoin de la bienveillance royale. L'hostilité de Louis XII contre le roi de Navarre et contre son père, qui se manifeste, sans doute possible, dans les affaires de Gaure et de Castres, est aussi de fort mauvais présage pour l'issue du procès d'Armagnac. La Romagière s'en plaint tous les jours : « Voz parties ont veu vostre production et ne parlent « pas si hault qu'ilz soloyent. *Mes ilz ont tant de faveur* « *qu'ilz en veulent.* Dieu soyt pour vous[1]. » N'a-t-on pas vu, en effet, le duc de Valois, l'héritier présomptif du trône, venir au Parlement recommander aux magistrats la cause de son intime ami le duc d'Alençon ?

« Le roy, écrit un autre solliciteur, fera incontinent « vuyder ledit prossès d'Armaignac, s'il congnoist qu'il « doyt estre jugé à son intencion[2]... » « L'on dyt, re-« prend la Romagière, que le roy devoyt partir de « Bloys pour venir ici. Il a escript plusieurs foys à la « court pour se prossès d'Armaignac... Prolonger la « judicature d'iceluy ne seroyt que bien fayt, veu que « parties adverses sont fort favorisées. Je suis asseuré

1. E. 104. Lettre du même (20 mars 1509).
2. E. 97. Lettre de Guillaume Dorinière, Dreux (13 mars 1509).

« que ceste matière est recommandée par Focault
« (Louis XII)[1]... Monsieur le duc d'Alençon ha de la
« faveur asses et plus que vous. Mes je prie à Dyeu
« que vostre bon droyt vous soyt gardé[2]. » Les amis
dont le sire d'Albret peut disposer à Paris n'oseraient
pas agir en sa faveur si le roi était présent. Aussi la
Romagière a-t-il bien soin, en recommandant les procès de son maître au sire d'Orval, d'ajouter que « veu
« que Focault n'est ici, il a loisir de porssuivre sest
« affère mieux que quand ledit Focault y seroyt[3]. »

Dans de semblables conjonctures, un grave embarras du sire d'Albret, c'est de savoir s'il doit ou non se rendre à Paris. Les avis de ses conseillers sont partagés ; les uns le pressent de venir surveiller en personne la conduite de ses procès : « Et a ceste cause
« sera besoing vous tenir par deça quelque temps,
« car visaige de home porte vertu... Alors que on en
« viendra aux lances baisser sera bien que soyez par
« deçà[4] ; » les autres lui conseillent au contraire de ne pas bouger. Telle est l'opinion de la Romagière.
« Je en ay parlé à plusieurs vos serviteurs et amis en
« seste ville, et par toute résolucion leur semble que
« vostre prézence seroyt très nécessayre, mès ilz
« croyent que si Foucault estoyt ici, quand y series,
« que plousiours qui vous vouldroyt fere servisse ne
« seroyt tant en leur libéral que se ne y estiez. Et
« aussi que ledit Foucault prandroyt plus les choses

---

1. E. 104. Lettre de la Romagière (9 mars 1509).
2. E. 105. Lettre du même (28 avril 1510).
3. E. 104. Lettre du même (9 mars 1509).
4. Lettre de Guillaume Dorinière (31 janvier 1509).

« en regart que se estiez abssant, veu que ledit Fou-
« cault espère de brieff estre ici [1]. » Alain, fort per-
plexe, prie alors la Romagière d'aller trouver le car-
dinal-légat, Georges d'Amboise, et de lui demander
conseil sur ce point.

La conversation du solliciteur et du légat montre
bien quelle situation difficile est celle d'un feudataire en disgrâce. Georges d'Amboise fait à la Romagière « un très-bon recueil » et l'interroge « bien amplement » sur la santé et les affaires du sire d'Albret.
Après avoir dit « se qu'il en est », la Romagière aborde
le sujet qui l'amène : Alain se recommande bien
« humblement » à la bonne grâce du cardinal; il lui
adresse son solliciteur « pource qu'il a prossès plu-
« sieurs en la court de Parlement de Paris et que ses
« gens qu'il ha là lui ont escript que son alée seroyt
« très-nécessayre par delà. » Le légat répond qu'à son
avis le sire d'Albret ferait bien de ne pas venir, pour
ne pas recevoir un accueil semblable à celui que le
roi lui a fait lors de son dernier voyage à Paris. La
Romagière proteste, au nom de son maître, « du très
« bon vouloyr que ledit seigneur a de fere servisse au
« roy, et que pour chose du monde ne voudroyt fere
« rien qui lui fut désagréable et que ne fist jamais
« chose envers le roy pour en avoyr sa male grâce. » Il
ajoute que le sire d'Albret n'a pas voulu partir pour
Paris, où l'appellent impérieusement ses affaires, avant
d'en avoir averti le cardinal, « l'en priant que lui en
« volsit fere scavoyr son advis. Car tousiours il s'est

---

[1]. E. 104. Lettre de la Romagière (20 mars 1509).

« gouverné par l'advis dudit cardinal et le veult en-
« core fere : car il est l'ome du monde en qui il ha
« plus de fiance. » Georges d'Amboise réplique :
« qu'il lui desplet le pluffort du monde de quoy les
« afferes dudit sire d'Albret envers le roy ne s'en por-
« tent pas myeulx qu'ilz ne sont, et que cela ne tient
« pas à luy, mes que quant il en parle audit roy, il en
« esgrit toujours les matières. » Si l'arrivée du sire
d'Albret à Paris est nécessaire pour ses procès, ajoute
le légat, qu'il vienne, mais qu'il se garde bien de le
faire avant d'avoir écrit au roi. Il lui remontrera dans
sa lettre qu'il a plusieurs « prossès et afferes en la
« court de Parlement dudit Paris », que ses gens
d'affaires réclament sa présence, et lui demandera
dans le cas où « il plerrait audit roy qu'il allast à
Paris » s'il pourra venir lui faire sa révérence [1].

Un pareil conseil donné par le premier ministre
devait nécessairement être suivi. On peut donc croire
qu'Alain écrivit à Louis XII : mais la réponse du roi
fut sans doute défavorable, car nous ne voyons pas
que le sire d'Albret ait quitté en 1510 ses terres de
Gascogne. Les protestations de dévouement et les
excuses assez humbles que la Romagière adressait, de
sa part, à la royauté, dans l'entrevue avec le cardinal
d'Amboise, ne lui furent d'aucun profit. Elles achèvent de montrer que rien ne coûtait aux grands feudataires pour gagner ou pour reconquérir cette pré-
cieuse faveur royale devant laquelle tous les obstacles
s'abaissaient, même au Parlement.

1. E. 94. Lettre du même.

Sans doute, c'était dans la classe la plus éclairée et la plus probe du tiers état que se recrutaient les membres de nos cours de justice. De grands progrès furent réalisés, sous le règne de Louis XII, dans l'ordre judiciaire, puisque les deux ordonnances de 1499 et de 1510 accordèrent au public, pour la diminution des frais de justice et de la durée des procès, pour la simplification et la clarté de la procédure, des réformes salutaires depuis longtemps demandées [1]. Mais l'impartialité des juges, au xve et au xvie siècles, laissait beaucoup à désirer. Quand les hauts feudataires étaient en cause et surtout lorsqu'il s'agissait, à un titre quelconque, des intérêts du roi, des princes et du domaine royal, les influences venues du souverain et de son entourage pouvaient se donner libre carrière. N'oublions pas qu'alors la justice émane de la royauté; qu'elle n'est pas *nationale*, comme le voudront nos idées modernes, mais *royale*. Le roi tient ses juges dans sa main, et, si les plus puissants seigneurs sont obligés d'entrer à son service et de s'enrégimenter sous sa bannière, pour toucher régulièrement leurs pensions, il ne leur est pas moins nécessaire d'être bons et loyaux sujets pour se faire bien venir des Parlements.

Que de formes diverses pouvait prendre cette ingérence de la royauté dans les affaires de justice ! Tantôt c'est la *lettre d'abolition*, qui soustrait l'accusé au jugement; tantôt la *lettre de rémission*, qui dispense le coupable de la peine encourue. Une lettre de chancellerie, obtenue le plus souvent à prix d'argent, sus-

---

1. *Hist. du XVIe siècle en France*, t. IV, p. 178, 185.

pend le cours de la procédure et remet l'affaire à une époque indéterminée. Que dire des jugements par commissaires, si fréquents sous Louis XI! Le roi lui-même préside souvent ces commissions. Il a le droit de prendre part au jugement de ses sujets et de prononcer dans sa propre cause : droit monstrueux, et dont la royauté ne s'abstint volontairement qu'à partir du règne de Louis XIII. Les magistrats réclament en vain contre ces abus ; les cours souveraines annulent parfois les lettres de grâce accordées par le prince ; la royauté elle-même, dans ses édits « sur le fait de la justice », se prémunit contre ses propres faiblesses. C'est ainsi que l'ordonnance de Montils-les-Tours (1453) interdit les lettres de chancellerie et d'abolition, et les jugements par commissaires. L'ordonnance de Paris (1493) offre cet article significatif : « si le roy, par im-
« portunité ou inadvertance, envoie quelque lettre à la
« cour et qu'il y ait quelque difficulté raisonnable, la
« cour en avertit le roy. » L'ordonnance de 1498 accumule encore les précautions et redouble de sévérité. Mais, de fait, les abus n'en continuent pas moins. Que peuvent les magistrats eux-mêmes contre un ordre précis du monarque ? En 1470, le Parlement de Paris jugeait un procès pendant entre la municipalité de Tournay, et les officiers royaux du bailliage ; une lettre de Louis XI ordonne de « mettre le procès à néant. » Le premier président refuse par deux fois. Ce n'est qu'après deux « jussions expresses » du souverain que le procès fut clos, scellé et porté au roi [1].

[1]. Isambert, XI, n° 133.

En supposant même que le monarque ne fasse point usage de son autorité pour forcer les magistrats à décider contre leur conscience, il peut, tout au moins, arrêter le cours de la justice, ou bien, au contraire, ramener « sur le bureau » des procès depuis longtemps abandonnés. Sans parler des détails que nous ont fournis, sur ce point, les lettres de la Romagière, nous verrons bientôt, par l'exposé des affaires de Castres et de Gaure, combien cette intervention du roi se manifesta fréquemment dans un sens hostile à la maison d'Albret. Alain, en butte à la malveillance de Louis XII, se vit ainsi dépouillé de plusieurs fiefs importants, placés, à titre provisoire, sous la main du roi en attendant des arrêts définitifs qui ne furent rendus que longtemps après. Et cependant, en 1513, le même Louis XII, revenu à des sentiments moins défavorables et voulant s'appuyer contre l'invasion étrangère sur le domaine du sire d'Albret, suspend en sa faveur le cours de la justice dans les trois parlements de Toulouse, de Bordeaux et de Paris. Il lui accorde un sursis de trois mois, valable pour tous ses procès [1]. Gardons-nous donc de prendre à la lettre les éloges sans mesure accordés par Claude de Seyssel au bon roi Louis XII, ce monarque justicier qui n'aurait pas permis « qu'on le favorisât lui-même en quelque cause « qu'il eut en aucun de ses Parlements [2]. » Pour rester dans la vérité historique, il suffit de se rappeler quel

---

1. Arch. des B.-Pyr. E. 101. *Lettres du roy Louis XII, portant surséance en faveur du sire d'Albret, pour trois mois, de la poursuite de tous ses procès.* (21 février 1513.)
2. *Hist. du XVIe siècle en France*, t. IV, p. 129.

emploi singulier Louis XII et Anne de Bretagne ont su faire du Parlement de Paris, dans le procès de Jeanne de France et dans celui du maréchal de Gié. Le roi peut tout sur la justice, et, à ce point de vue, la féodalité se trouve encore complétement à sa discrétion. Ruinée par de longs et coûteux procès, il lui faut abaisser son antique fierté devant les bourgeois enrichis qu'elle traitait hier de manants et qu'elle révère aujourd'hui comme magistrats. Pour se faire rendre justice, elle est obligée d'aller à Blois et à Paris mendier la protection royale, source de tous les biens et, trop souvent encore, dispensatrice souveraine du droit et de la raison.

CHAPITRE IV

LUTTE DU SIRE D'ALBRET CONTRE LES MUNICIPALITÉS.

Tendance générale de la population des villes et des campagnes à rejeter la domination féodale pour se livrer à la royauté. — Rapports hostiles du sire d'Albret avec Castel-Jaloux, Nérac, Ribérac, Limoges, Brives et Bordeaux, que soutiennent les officiers royaux et les Parlements. — Le droit de péage. — Longue querelle de Charles II et d'Alain, sires d'Albret, avec le bourg de Fleurance et le pays de Gaure, en Armagnac (1425-1506).

C'était déjà un progrès décisif, pour la royauté, que d'avoir fait entrer les seigneurs dans une organisation militaire et judiciaire qui était, par elle-même, une négation de leurs droits et une atteinte mortelle portée à leur indépendance. Toutes les institutions de Charles VII et de ses successeurs offrent, en effet, le double caractère de mesures réparatrices, favorables au rétablissement de l'ordre comme au développement du bien-être social, et d'instruments de guerre dirigés contre la féodalité. Mais, pour préparer le triomphe définitif du principe monarchique, il ne suffisait pas que le roi dominât et abaissât les barons en les enrégimentant dans une cavalerie à sa solde, ou en les soumettant aux arrêts de sa justice. Non-seulement il les tenait sous sa main à l'armée, à la cour, devant les parlements; non-seulement il bénéficiait de la pénurie des nobles et des ardentes compétitions qui les divisaient; mais encore, il commençait à les attaquer indirectement par l'appui qu'il prêtait aux bourgeois et aux paysans, ennemis irréconciliables de la féodalité. L'œuvre monarchique trouvait dans les habitants des grandes villes et même des simples bourgs, les auxiliaires les plus actifs. La royauté et le peuple ne poursuivaient-ils pas un but commun? ne combattaient-ils pas pour la même cause? Si le roi devait prendre à cœur d'émanciper son pouvoir politique en domptant une noblesse rebelle, l'intérêt des villes exigeait qu'elles rejetassent les servitudes féodales qui entravaient encore leur développement [1].

Au XVe siècle, et surtout dans les grands centres, la situation des bourgeois est, sans aucun doute, bien meilleure qu'aux âges précédents. Grâce aux insurrections communales et aux progrès de la monarchie, ils ont réussi à secouer, en grande partie, le joug tyrannique du seigneur. Sous la direction de leurs consuls librement élus, ils peuvent du moins régler leurs propres affaires et disposer, dans une certaine limite, d'eux-mêmes et de leur fortune. Cependant, l'autorité féodale, bien que moins oppressive, reste toujours pour eux un pesant fardeau et une perpétuelle me-

[1]. Dans son excellente thèse sur le *Gouvernement de Charles VII* (Strasbourg, 1856), M. Dansin a consacré un chapitre (VII) à l'examen des rapports du gouvernement de Charles VII avec le tiers-état. Sur ce point, comme sur beaucoup d'autres, on verra que nous sommes arrivé souvent aux mêmes conclusions que cet auteur, bien qu'il n'ait guère étudié la royauté du XVe siècle que dans les *Ordonnances* et les principales chroniques.

nace. Elle occupe encore le château qui domine la ville, barre la rivière de ses péages, détient même parfois le moulin et le four de la communauté, trop pauvre jusqu'alors pour avoir pu les racheter. Alain d'Albret, par exemple, n'est-il pas le maître des moulins de Casteljaloux [1] ? La coutume de Saint-Jean d'Angély, rédigée au temps d'Alain, permet au seigneur ayant basse juridiction de pouvoir contraindre « les hommes « roturiers demeurans en maison roturière à cuire leurs « pâtes en son four à ban [2]. » La coutume de Bergerac n'est pas moins explicite. « Tout bourgeois est tenu « de faire cuire son pain au four du seigneur de Ber- « gerac, pourvu qu'il le veuille faire cuire dans la ville « ou faubourg d'icelle [3]. » Seule, la fixation du chiffre invariable de vingt-deux deniers pour la cuisson d'un setier de froment montre le progrès accompli depuis le moyen-âge, et la règle substituée à l'arbitraire.

Si les villes restent encore soumises au pouvoir féodal, les paysans sont loin d'avoir obtenu leur émancipation. On voit que, dans certaines régions du Midi, le servage subsiste, aussi complet qu'au moyen-âge. Ainsi la coutume de Saint-Sever consacre formellement, au profit du sire d'Albret et des autres barons des Landes, l'existence de véritables serfs, appelés *questaux*. « Lesquels ne peuvent tester, ni disposer « des biens qu'ils possèdent, par testament ou contrat « entre-vifs, en aucune manière : car leurs biens et hé- « ritages sont de condition questale et serve et sont au

---

1. Samazeuilh, *Hist. de l'Agenais*, t. I, p. 144.
2. Art. III, p. 5. (*Coutumes générales de la ville de Bordeaux.*)
3. *Ibid. Statuts et coutumes de Bergerac*, p. 112.

« seigneur et non aux dits hommes questaux, sinon
« quand à la seule administration. — Et leur peut le
« dit seigneur prendre ensemble tout leur dit bien,
« quand il lui plaît. — Et ceux qui descendent et sor-
« tent des dits questaux sont de condition questale et
« serve, s'ils ne sont affranchis [1]. »

C'est pour échapper à cette domination gênante ou odieuse des feudataires qu'à l'époque où vécut Alain, un grand nombre de localités, villes ou communautés rurales, essaient de se soustraire à la justice du seigneur, repoussent ses représentants, admettent au contraire ceux du roi, et parfois même réclament avec énergie leur réunion au domaine royal. Charles VII a merveilleusement compris tout le parti que la royauté peut tirer de cette disposition du tiers-état pour hâter la décadence des pouvoirs seigneuriaux ; aussi accorde-t-il à une multitude de villes du nord et du midi les lettres de sauvegarde ou de bourgeoisie qui les font passer de la sujétion féodale sous la protection du roi [2]. Tantôt il confirme un grand nombre d'anciens priviléges municipaux [3], tantôt il octroie de nouvelles prérogatives [4]. Ses successeurs, Louis XI surtout, suivent son exemple, aident les bourgeois contre les nobles et interviennent activement dans l'administration des villes.

Sans doute cette intervention n'est point désintéressée ; Charles VII et Louis XI l'ont fait souvent tourner à l'avantage de la couronne [5], soit en impo-

---

1. *Les coutumes de la prévôté de St-Sever* : De la condition de main-morte. Art. I, II et IV.
2. Dansin, *Étude sur le gouvernement de Charles VII*, p. 140.
3. *Ibid.*, p. 165.
4. *Ibid.*, p. 167.
5. *Ibid.*, p. 166.

sant de fortes contributions aux villes, soit en les privant de leurs libertés municipales [1]. Mais les bourgeois trouvaient toujours le joug du roi, souverain éloigné et représentant le principe d'ordre, plus léger à porter que celui du seigneur immédiat. Aussi voit-on partout, à cette époque, le territoire féodal reculer journellement devant les empiétements de la bourgeoisie, secondée des parlements et des gens du roi. Le pouvoir du seigneur tend à ne plus s'exercer que sur les hameaux et sur les campagnes au milieu desquelles apparaissent, comme autant de citadelles ennemies, les villes et les bourgs, véritables foyers d'intrigues dirigées contre le maître du fief. Il semble que les grandes municipalités jouent alors, au profit du roi, dans les terres féodales, le rôle de ces colonies militaires dont les Romains semaient à dessein la contrée qu'ils voulaient assujettir. Les rapports du sire d'Albret avec certaines communautés comprises dans ses domaines vont nous fournir plusieurs exemples de cette lutte du bourgeois et du paysan contre le feudataire, fait général au xve siècle et, jusqu'à présent, plus souvent indiqué qu'approfondi par les historiens.

L'unique garantie des libertés municipales et des droits seigneuriaux, pour un grand nombre de localités, résidait dans le serment féodal que se prêtaient mutuellement le seigneur et les bourgeois, toutes les fois que le fief changeait de maître.

En juin 1473, Alain se trouvait à Meilhan, petite ville assez importante, située, sur la Garonne, entre la

---

[1]. Dansin, *Étude sur le gouvernement de Charles VII*, p. 168.

Réole et Marmande. Les quatre consuls demandent à lui être présentés et le prient de prêter le serment par lequel le seigneur de Meilhan avait l'habitude de s'engager envers leurs prédécesseurs. Ils n'oublient pas de lui faire remarquer, que, suivant la tradition, cette cérémonie devrait avoir lieu dans le cimetière de l'église de Saint-Baz, comme le prouve un acte notarié dont ils sont prêts à donner lecture ; mais, par une concession qui ne doit pas porter préjudice à leurs usages, ils consentent à ce que la prestation se fasse dans la grande salle du château. Le sire d'Albret acquiesce à leur demande et, touchant de la main droite le missel, la croix et le *Te igitur*, jure d'observer fidèlement leurs privilèges et de leur être bon seigneur. Les consuls, de leur côté, se mettent à genoux et font serment, l'un après l'autre, d'être loyaux sujets du seigneur et de lui payer exactement le cens et les autres devoirs seigneuriaux [1]. C'est ainsi que, le 17 décembre 1470, le même Alain d'Albret avait dû, en qualité de comte de Périgord, prêter serment aux habitants de Montignac et confirmer d'anciens privilèges consacrés par des actes de 1269, 1369 et 1464 [2].

Mais, d'ordinaire, les serments féodaux n'étaient pas longtemps respectés, et l'enchevêtrement inextricable des juridictions mettait bientôt aux prises le seigneur et la ville [3].

1. *Archives historiques de la Gironde*. T. I, n° 90.
2. Bibliothèque nationale, coll. Doat, t. CCXXII, f° 329. Voir aussi le serment de fidélité prêté par la ville de Ste-Bazeille (Lot-et-Garonne) au sire d'Albret (Archives des Basses-Pyrénées. E. 216).
3. Cf. le procès intenté au sire d'Albret, devant le Parlement de Toulouse, par les habitants de Panjas (Gers), au sujet de la juridiction de ce lieu (Arch. des B.-Pyr. E. 281). Dans une lettre du 23 fé-

Au centre même de sa puissance, dans ses terres des Landes et de Gascogne, le sire d'Albret se heurtait parfois à des résistances municipales qu'il ne s'attendait pas à rencontrer. Un de ses capitaines se présente, en juin 1487, devant les consuls de Casteljaloux, leur annonçant qu'il est chargé par Alain de former un corps d'arbalétriers et de le mener à Meilhan. Les consuls s'opposent à ce que cette levée de soldats ait lieu dans leur ville, « vu le petit nombre de « gens qui sont pour la garder et défendre » Mais le capitaine passe outre et tire de Casteljaloux vingt-quatre à trente « compagnons ». La municipalité n'osa pas se plaindre trop hautement de cette infraction à ses privilèges[1]. Mais, vingt ans après, sous le règne de Louis XII, elle ne garda pas la même réserve lorsque le sire d'Albret voulut détruire la juridiction de première instance que les consuls de Casteljaloux exerçaient conjointement avec le baile seigneurial, pour la transférer à un juge d'appeaux. Les habitants se montrèrent si unanimement mécontents qu'Alain se crut obligé de commettre le débat à l'arbitrage de jurisconsultes et d'officiers royaux qui, le 15 février 1507, prononcèrent en faveur des consuls. Ces derniers conservaient, « la « première connaissance des causes civiles et crimi- « nelles qui occurreraient en tout le bailliage, sans en « aucune manière pouvoir, par les officiers dudit sei- « gneur, en l'exercice d'icelle être troublés, molestés

---

vrier 1495, Alain se plaint des habitants de la ville de Dreux : « Lesquels ont tousiours voulu usurper sur les droits de ladicte seigneurie (comté de Dreux). » *Ibid.* E. 137.

1. Samazeuilh, II, p. 54-55.

« ni empêchés, et le tout, sans déroger à l'autorité du
« juge dudit seigneur, qui demeurera en l'état qui lui
« appartient et qu'il a accoutumé user [1]. »

A Nérac, le sire d'Albret essaya également de faire disparaître des franchises qui gênaient son autorité. Mais, là aussi, vives réclamations des habitants et longs débats que termina une sentence arbitrale rendue par le juge ordinaire d'Agen. L'administration municipale fut réorganisée : le corps de ville, composé de trente jurats à vie, qui devaient élire, chaque année, dans leur sein, les quatre consuls chargés de diriger la cité. Ces derniers concouraient aux jugements rendus par les officiers du seigneur; et toute décision prononcée en leur absence ou à leur insu était frappée de nullité [2].

Mais les contestations survenues entre le seigneur et les villes, au temps d'Alain, portaient le plus souvent sur le *droit de guet*. On sait que les tenanciers du feudataire étaient astreints à monter la garde au château seigneurial, sous peine de payer une amende : nécessité qui n'eut plus de raison d'être après la guerre de Cent ans, lorsque la paix régna à l'intérieur, et que les forteresses féodales tombèrent en ruine [3]. Néanmoins, au milieu du xvᵉ siècle, les nobles contraignaient les manans à faire le guet, nuit et jour, même dans les châteaux à moitié démolis, pour tirer d'eux de fortes amendes. Charles VII, le premier, interdit formellement cet abus par l'ordonnance de Poi-

---

1. Samazeuilh, p. 66.
2. *Ibid.*, p. 68.
3. Sur ce droit de guet, voir Boutaric, *Institutions militaires de la France*, p. 153-154.

tiers (1ᵉʳ décembre 1451) qui décida que le guet serait exigible une fois par mois seulement et que l'amende ne dépasserait pas dix deniers. Louis XI, en 1479, ordonna qu'on aurait la faculté de se racheter du guet moyennant cinq sous par an, pour chaque feu, et annula tous les procès relatifs à ce droit suranné. Enfin Louis XII (en 1504) en restreignit l'exercice aux places situées sur la frontière et défendit aux seigneurs d'exiger plus de cinq deniers. Mal observées, ces ordonnances [1] n'empêchèrent pas les villes et les seigneurs de se mettre journellement en procès pour le droit de guet. Telle fut l'origine du débat qui s'éleva en 1476 entre les officiers d'Albret résidant en Périgord et les habitants de Ribérac. Le syndic de la ville, Jean Chambon, plaida devant le sénéchal de Périgueux, mais une lettre de Louis XI trancha le différend en accordant au sire d'Albret le droit de fixer la somme controversée [2]. C'est que les villes avaient tort ou raison devant le monarque, suivant que celui-ci était bien ou mal disposé à l'égard du feudataire. Or, en 1476, le sire d'Albret se battait, pour le service de Louis XI, contre les gens de Charles le Téméraire, dans la Flandre et le Hainaut.

C'est là un fait exceptionnel. En temps normal, la monarchie et ses agents étaient plutôt disposés à soutenir les municipalités contre le seigneur, surtout quand il s'agissait d'une grande cité. L'histoire de la

---

1. Isambert, *Anciennes lois françaises*, IX, n° 200, XI, n° 65.
2. Archives des Basses-Pyrénées, E. 644. Voir aussi, dans les Archives départementales de la Gironde (B. 3), une contestation survenue entre la ville de Lesparre et une parente d'Alain, Isabeau de la Tour, à propos du même droit de guet.

ville de Limoges, au xvᵉ siècle, est une preuve évidente de l'accord qui existait entre les officiers royaux et les bourgeois, au détriment des prétentions féodales.

Dès la fin du siècle précédent, la municipalité limousine recevait dans ses murs les représentants de la royauté, et se refusait obstinément à admettre les officiers du vicomte de Limoges [1]. De là, une guerre continuelle entre la ville et le seigneur : celui-ci essayant, par tous les moyens, de se remettre en possession du château; celle-là repoussant la violence et déjouant la ruse pour conserver son indépendance. En 1426, le vicomte Jean de Bretagne qui « rôdait comme un loup pressé de la male faim et cherchant à s'introduire dans une bergerie bien gardée [2], » noue des intrigues dans la cité et parvient à corrompre quelques notables et même un consul. Les portes vont être livrées par trahison aux troupes féodales, mais les consuls découvrent le complot et punissent les traîtres, au grand dépit du vicomte qui, pour se venger, ravage la banlieue de Limoges [3]. Il renouvelle sa tentative en 1431, et subit un nouvel échec [4]. Quelques années après, le roi Charles VII, traversant la ville, recevait au contraire des habitants un accueil enthousiaste [5]. Une troisième conspiration féodale, en 1448, eut le sort des précédentes ; le bourgeois Savoye, qui la di-

---

1. Bibliothèque nationale, coll. Doat, t. CCXLVI, fᵒ 23.
2. Leymarie, *Histoire du Limousin*, t. II, p. 353 (ouvrage méthodique et raisonné, important à consulter sur les rapports des villes avec la féodalité et avec la royauté au xivᵉ et au xvᵉ siècles).
3. Marvaud, *Histoire des vicomtes et de la vicomté de Limoges*, t. II, p. 53, 54.
4. *Ibid.*, p. 64.
5. *Ibid.*, p. 69.

rigeait, fut exécuté par ordre des consuls [1]. Les transports de joie, avec lesquels, quinze ans plus tard, la population de Limoges et de Brives salua l'arrivée de Louis XI [2], achevèrent d'éclairer les vicomtes sur l'inutilité de leurs tentatives. Il est certain que la haine de la féodalité entrait pour une part considérable dans l'amour que les Limousins témoignaient au roi de France. Peut-être même regrettèrent-ils d'avoir poussé trop loin ce dévouement à la royauté, lorsqu'en 1474, le souverain absolu de Plessis-lez-Tours, sous prétexte d'éviter les troubles populaires, modifia le système d'élection des consuls et diminua l'indépendance municipale par la nomination d'un maire [3]. Mais, en 1484, la régente Anne de Beaujeu, cédant aux instances des bourgeois, rétablit l'ancien système électoral [4], et, d'ailleurs, le despotisme d'un pouvoir fort et régulier semblait presque partout préférable à l'autorité capricieuse du seigneur.

Ce n'était pas seulement par la lutte ouverte et violente que se manifestait la répugnance de Limoges pour ses vicomtes : elle apparaissait aussi dans les procès que la ville soutenait avec énergie contre ceux dont elle repoussait la domination. A la mort du vicomte Guillaume de Blois, sa fille Françoise fut mise en possession de la vicomté que revendiquait aussi, nous l'avons vu, Nicole de Bretagne, dame de Boussac. De là un procès de succession qui, commencé

---

1. Marvaud, *Histoire des vicomtes et de la vicomté de Limoges*, t. II, p. 75 et 99.
2. *Ibid.*, p. 94.
3. *Ibid.*, p. 101.
4. *Ibid.*, p. 109.

devant le parlement de Paris au milieu du xv⁵ siècle, durait encore sous le règne de Louis XII. Un arrêt de cette cour décida cependant que la vicomté serait adjugée à Françoise de Bretagne devenue dame d'Albret ; mais les gens du roi eurent grand soin de ne faire porter leur sentence que sur le Limousin et de n'y point mentionner la ville et le château de Limoges [1] ; le procès se prolongea donc tout au moins sur cette question particulière. A l'avénement de Charles VIII, le sire d'Albret, venu à Paris pour assister à l'inauguration du règne et prendre sa place au conseil, requit Anne de Beaujeu de lui faire enfin rendre justice « contre les consuls et manants de Limoges usurpateurs de la ville et du château [2]. » Les lettres patentes qui lui furent accordées sur sa demande ne produisirent aucun effet ; et, d'ailleurs, quand le sire d'Albret entra, deux ans plus tard, dans la coalition féodale, elles durent naturellement être annulées. Une dernière tentative pour remettre Limoges sous le joug seigneurial eut lieu en 1498. Le nouveau roi, Louis XII, alors désireux de plaire à la famille d'Albret, ordonna au Parlement de Paris de procéder au jugement de l'affaire de Limoges [3]. Un sergent du Châtelet alla même ajourner les habitants de cette ville à comparaître, le 15 mai 1499, devant le Parlement. Alain demandait, comme vicomte, le droit d'entrer dans la ville en armes, de posséder les fours et moulins banaux, de choisir la moitié des consuls, de réédifier

---

1. Bibl. nat., coll. Doat, t. CCXLVI, f° 32.
2. *Ibid.*, f° 102.
3. *Ibid.*, f° 23.

sur la place de la Mothe le château que les bourgeois avaient détruit; la possession des prés, dits Vicomtaux ; les revenus des marchés et halles ; les droits de barrage, péage, vinage et panage, etc. [1]. Mais l'époque ne comportait plus de pareilles prétentions. Aussi les lenteurs de la procédure, la mauvaise volonté des officiers royaux installés à Limoges, la résistance intéressée des consuls, reculèrent la décision finale jusqu'au moment où Louis XII devint l'ennemi déclaré de la maison d'Albret. Dès lors, il ne fut plus question des droits du vicomte : les autorités royales et consulaires restèrent seules maîtresses de la ville.

Il paraît qu'Alain essaya de se dédommager en s'introduisant, par la force, dans le bourg important de Brives-la-Gaillarde, peu éloigné de son château de Montignac. Ses agents s'étaient ménagé, à cet effet, des intelligences parmi les habitants, et l'un d'eux, Jean Forestier, avait promis de leur livrer les portes de la ville. Mais le complot fut encore déjoué, grâce à l'activité des consuls. Le sire d'Albret, craignant qu'on ne l'accusât auprès du roi d'avoir voulu s'emparer d'une place dont Louis XI avait fait un des siéges de la sénéchaussée du Limousin, écrivit une lettre d'excuses aux magistrats municipaux :

« Tres chers et grands amis. Il est venu à ma con-
« naissance que certains des consuls de la ville de
« Brives avaient mis sus à Jehan Fourestié, habitant
« de la dite ville, pour avoir eu paroles avec moi ou
« avec mes gens de trahir la dite ville et me la bailler
« et mettre entre mes mains. Laquelle chose, s'il est

---

[1]. Leymarie, p. 389, 390.

« vrai qu'ils l'ont dit, ils ont mal dit. Car je vous as-
« sure, par ma foi, que de ma vie je n'y pensai, ni ne
« prétends aucun droit sur votre ville. A Dieu ne
« plaise que jamais je ne fasse ni die chose en quoi
« monseigneur le roi doive prendre déplaisir. Onc-
« ques je ne sus ni connus qui est ledit Forestié [1]. »

Plus heureuses que Limoges et Brives, les deux grandes villes du midi entre lesquelles s'étendait la majeure partie des domaines d'Albret, Bordeaux et Toulouse [2], avaient depuis longtemps cessé de redouter les prétentions des feudataires avoisinants; mais elles conservaient néanmoins à leur égard des sentiments de méfiance que la présence du Parlement et des officiers du roi contribuait encore à développer. « Les Toulousains ne nous aiment pas, » dit quelque part un homme d'affaires du sire d'Albret [3]. Les gens de Bordeaux lui étaient d'autant moins favorables qu'il portait journellement atteinte à leurs intérêts les plus chers en entravant le commerce de la Garonne. Il exerçait en effet le droit de péage sur toute la partie du fleuve comprise entre Bordeaux et Agen [4]. Les taxes que prélevaient ses receveurs étaient établies sur toute espèce de denrées et d'objets de commerce : « blé, huile, vin, sel, merlus, harengs, draps, cuirs, pastel, bon vin, moulins garnis de leur appareil, pourceau mort ou vif, brebis, saumon, lamproie, *juif et*

1. Archiv. des Bas.-Pyr., E. 653.
2. Sur la lutte de Toulouse contre ses comtes, jusqu'au XIIIe siècle, voir E. Boutaric, *Saint Louis et Alphonse de Poitiers*, p. 508, 509.
3. Bibl. nat., fonds St-Germain, ms. 16834, f° 64.
4. A Tonneins, La Mothe, Caumont, Taillebourg, Ste-Bazeille, Meilhan, Jusix, Pellegrin, Bordères, Gironde, Langon. (Arch. des B.-Pyr. E. 76 : Lettre de Charles de Guyenne.)

juive, juive enceinte, épicerie, plomb, étain, cuivre, fer, bœufs, vaches, chèvres, verre, craie ou plâtre, roussin, jument, âne ou ânesse [1] », rien n'échappait à l'avidité du fisc seigneurial. On comprend que les négociants Bordelais vissent d'un fort mauvais œil ce seigneur péager qui réduisait aussi considérablement leurs bénéfices.

Sur ce point, l'intérêt de la bourgeoisie se trouvait encore pleinement d'accord avec celui de la royauté. Un des premiers soins de la monarchie capétienne, désireuse de se présenter, à ses débuts, comme principe d'ordre au milieu des violences féodales, avait été d'accorder une protection efficace aux marchands et d'assurer la sécurité des voies de communication les plus fréquentées. Mais, réduire les innombrables péages qui entravaient le trafic était une œuvre difficile et de longue durée. Pendant longtemps les rois n'obtinrent guère de résultats que dans l'étendue de leur domaine immédiat, ou dans le voisinage de leurs châteaux. Charles VII, en particulier, fit beaucoup pour l'affranchissement du commerce, et s'occupa surtout de faciliter le trafic de la Loire, sur les bords de laquelle les Valois allaient constamment résider [2]. Ses successeurs suivirent son exemple ; mais, d'après la teneur des ordonnances relatives à cet objet, on ne voit pas que la royauté du xve siècle ait osé, même dans la région du nord, prendre contre le fléau des péages une résolution vraiment sérieuse et radicale.

1. *Ibid.*, E. 76.
2. Isambert, t. IX, ord. de Bourges, 1436; t. XI, ord. de Bourges, 26 mars 1483.

Elle défendit seulement aux seigneurs d'augmenter les tarifs existants[1] et d'en établir de nouveaux[2], abolit les péages créés ou accrus depuis soixante ans[3], et insista spécialement pour que cette mesure fût appliquée à la Loire et aux rivières des pays de France, de Champagne et de Brie[4]. Quant aux provinces éloignées des résidences royales, elles durent subir, comme par le passé, les exigences tous les jours croissantes des tyrannies locales, ou du moins ne ressentirent que très-faiblement l'effet bienfaisant des ordonnances. Ainsi arriva-t-il pour la plus grande partie de la région située au sud de la Loire, excepté cependant sur les points où de puissantes corporations de marchands pouvaient résister, avec avantage, aux prétentions du fisc seigneurial et obtenir, moyennant finances, la protection particulière de l'autorité.

Ce fut précisément ce qui se passa à Bordeaux. En 1470, la cité girondine demande au duc de Guyenne, frère de Louis XI, qu'on applique les ordonnances de Charles VII aux péages du sire d'Albret, sans cesse accrus et devenus, à l'entendre, une véritable cause de ruine pour le commerce de la Garonne. Le prince Charles, intéressé à défendre les marchands, lance contre le feudataire une ordonnance dont le préambule est ainsi conçu :

« Comme pour le bien et utilité de la chose pu-
« blique et entretenement de la marchandise qui, par
« très loing temps, à esté discontinuée et interrompue

---

1. Article 36 de l'ord. d'Orléans, 2 novembre 1439. (Isambert, IX.)
2. Articles 39 et 40 de la même ordonnance.
3. Isambert, t. IX, ord. de Tours, 27 mai 1448.
4. *Ibid.*, ord. d'Orléans, 21 juillet 1444.

« en nostre dit pays et duchié, par quoy de présent
« et de piéça n'y a comme point eu et n'a de cours, à
« l'ocasion de grande excessive et insuportable charge
« des péages qui sont et ont esté prins et levez en
« iceulx noz pays et duchié, mesmement sur les
« fleuves et rivières de Garone, Gironde, Tarn, Avey-
« ron, Lot et Dordoygne, par aucuns de nos subgetz
« qui de leur autorité privée avaient creuz et augmen-
« tez iceulx peatges à leur volonté, au très grand dé-
« triment de la chose publique et de nos pays et du-
« chié, et affin que la marchandise eust son cours
« franc et libéral, ainsi qu'elle à eu, le temps passé,
« et que les marchands dudit pays la peussent mieulx
« entretenir et qu'ilz eussent plus grant voloir et fer-
« vent désir de la faire continuer et exercer ; nous,
« désirans augmenter et acroistre le fait de ladicte
« marchandise, le bien, proffit et utilité de nos sub-
« gectz et soulaigement des dits marchants, et affin
« qu'ilz fussent plus prompts et enclins à eux em-
« ploier au fait et cours d'icelle marchandise, or-
« denons, etc., etc. [1]. »

Considérations sages, qui dénotent un certain amour
du bien public, mais sur la valeur desquelles il ne faudrait pas trop se faire illusion. Que d'ordonnances
royales, précédées de longues réflexions morales, ont
eu pour unique raison un pressant besoin d'argent !
Le duc de Guyenne se donnait aussi, d'ailleurs, la satisfaction d'exercer, aux dépens d'une maison féodale
qu'il n'aimait pas, les droits de la royauté dont il

1. Arch. des B.-Pyr. *Lettre de Charles, duc de Guyenne* (18 mai 1470), E. 76.

était, qu'il le voulût ou non et malgré ses démêlés avec Louis XI, le représentant direct aux yeux des Méridionaux. Son ordonnance fixait, en effet, dans le plus grand détail, le tarif des droits que le sire d'Albret était accoutumé à percevoir et défendait expressément à ce feudataire d'en prélever d'autres, sous peine de la confiscation des péages et d'une amende de cinq cents marcs d'argent. Le sire d'Albret, trouvant étrange que la royauté déterminât ainsi, à son gré, le chiffre du revenu que, de temps immémorial, ses ancêtres tiraient de la Garonne, résista à l'injonction du suzerain et plaida au Parlement de Bordeaux contre le syndic des marchands bordelais uni au procureur du roi. Six ans après, une lettre de Louis XI vint confirmer l'ordonnance du duc de Guyenne [1]. Le Parlement de Bordeaux arrêta, le même jour, qu'en attendant la fin du procès et le prononcé du jugement, le sire d'Albret ne percevrait de ses péages que ce qui avait été déterminé par les édits royaux [2]. Alain comprit qu'il devait se soumettre et se résigna « comme vrai obéissant à la justice du roy » à voir ses péages diminués, s'il faut l'en croire, de la moitié de leur valeur.

Les gens du roi et les commerçants de Bordeaux pouvaient déjà se féliciter de cette victoire commune remportée sur la féodalité; mais leurs prétentions allaient plus loin; c'était la suppression totale des péages qu'ils ambitionnaient. Un grand pas fut fait dans cette voie lorsque, sous le règne de Louis XII, le maire, le sous-maire et les jurats de Bordeaux

---

[1]. Arch. des B.-Pyr. E. 76, Lettre de Louis XI (18 décembre 1476).
[2]. *Ibid.*

obtinrent du roi l'autorisation « de faire conduire
« et mener 3,000 tonneaux de blez par lesdites ri-
« vières sans paier aucun de droit de péage. » Cette
fois, l'indignation du sire d'Albret éclata ; par ses
soins une sorte de ligue défensive se forma entre
tous les nobles et gens d'église qui possédaient péages
sur la Garonne, le Tarn et le Lot, et une réclamation
collective fut, de leur part, directement adressée au
roi. Alain, principal signataire de la pétition, justifie
d'abord les péages par raison d'ancienneté ; montre
qu'il est déjà bien suffisant de les avoir réduits de
moitié et ajoute que, si on les annule tout à fait par
des concessions de priviléges, les nobles et les ecclésiastiques qui vivent de ce revenu ne seront plus en
état de s'acquitter, les uns, du service militaire, et les
autres, du service divin. Autre raison : les marchands
des localités riveraines, ne pouvant pas soutenir la
concurrence des commerçants Bordelais privilégiés, se
verront infailliblement ruinés. Enfin, dit le feudataire
en terminant, « quand ainsi serait que le roy enten-
« droit que les dits maire, sous maire et jurés fus-
« sent quittes des péages appartenans ausdits nobles
« et gens d'église, faudroit que les lettres et privi-
« léges fissent expresse mention du droit d'autrui[1]. »
Observation singulière, car mentionner le droit d'autrui dans de semblables priviléges eût équivalu à les
rendre d'avance inutiles. Alain supposait que la municipalité bordelaise les avait arrachés au roi « par

---

1. Doat. t. CCXXVII, f° 214. *Mémoires de Alain d'Albret pour faire déclarer nulles les lettres obtenues par les maire et sous-maire de Bordeaux, d'exemption de péage sur la rivière de Garonne.*

importunité et ambiciosité », comme il arrivait souvent à pareille époque. Mais il n'en était pas ainsi dans la circonstance présente : Louis XII, mal disposé pour la maison d'Albret, entendait favoriser sérieusement le commerce de sa « bonne ville ». Le sire d'Albret n'obtint, semble-t-il, aucune réparation et dut accepter, pour le droit de péage comme pour beaucoup d'autres, les prétentions du pouvoir souverain.

Une grande ville, à l'époque d'Alain, triomphe impunément d'un seigneur, surtout quand sa cause se lie à celle de la royauté. Mais, s'il s'agit d'un simple bourg, éloigné des parlements et du roi, entouré de terres féodales, la désobéissance au feudataire n'est pas sans danger pour les habitants. Le seigneur, repoussé, guette les occasions de vengeance et la cité rebelle, généralement mal fortifiée, peut, à un moment de guerre civile et de désordres intérieurs, expier chèrement sa résistance. A ce point de vue, l'histoire locale offre peu d'épisodes aussi intéressants que celui de la lutte soutenue par les habitants du bourg de Fleurance et du comté de Gaure, en Armagnac, contre les seigneurs de la famille d'Albret. C'est avec une ténacité et un courage vraiment extraordinaires que ce petit pays, perdu aujourd'hui dans un coin du département du Gers [1], résista pendant plus de quarante années à toutes les attaques d'une puissante

---

1. Le comté de Gaure formait une des quatre parties du pays d'Armagnac ; il avait pour villes principales outre Fleurance, Sompui, La Sauvetat, St-Lari et Terraube, localités situées aujourd'hui dans le département du Gers, arrondissement de Lectoure. Pour l'histoire et la description de ce comté, voir Dom Vaissète, *Géographie historique et ecclésiastique*, Paris, 1755, t. VII, p. 88, 90.

maison féodale. Il voulait n'appartenir qu'au roi; ses efforts persévérants, combinés avec ceux du Parlement de Toulouse, lui obtinrent ce qu'il désirait.

En 1425, le roi Charles VII, pour récompenser le sire d'Albret, Charles II, de sa fidélité à la cause française et à la dynastie légitime, lui fit présent du comté de Gaure, qui, depuis 1271, appartenait à la couronne et relevait de la sénéchaussée de Toulouse [1]. Malgré les murmures des habitants et surtout des bourgeois de Fleurance, capitale du comté, les officiers d'Albret s'installèrent dans le pays et leur maître en eut « paisible jouissance [2] » jusqu'aux premiers soulèvements féodaux survenus sous le règne de Louis XI. Charles II entra dans la ligue du Bien public et combattit, avec ses bandes gasconnes, à la bataille de Montlhéry [3]. Cette rébellion permit à Fleurance de s'insurger contre une domination odieuse et de se déclarer ville royale; acte que légitima la cour de Toulouse en ordonnant la confiscation de tous les domaines du sire d'Albret. Un président fut même envoyé pour exécuter la partie de l'arrêt qui concernait le comté de Gaure [4]. Mais Charles II bénéficia, comme tous les seigneurs coalisés, des traités de Conflans et de Saint-Maur, et obtint de Louis XI une lettre qui confirmait le don de 1425 et décrétait la main-levée (juin 1465) [5].

Nous aurons plus d'une fois l'occasion de remar-

1. Arch. des B.-Pyr. E. 162.
2. Bibl. nat., fonds St-Germain, ms. 16834, f° 64.
3. Mémoires de Commines.
4. Ms. 16834, f° 64.
5. Arch. des B.-Pyr. E. 162.

quer que ces lettres n'avaient de valeur auprès des officiers royaux que si le roi ou son conseil insistait d'une façon particulière pour en faire exécuter la teneur. Sous le coup d'une nécessité pressante, les rois accordaient aux seigneurs des avantages pécuniaires ou politiques, qu'ils ne se faisaient pas faute de reprendre presque aussitôt après, si leur intérêt l'exigeait. Aussi, les parlements accablés d'ordres contradictoires, placés entre la lettre royale que présentait le feudataire et la lettre tout aussi authentique, mais de sens opposé, que produisait le procureur du roi, n'obéissaient-ils d'ordinaire qu'à leurs propres tendances et s'en tenaient-ils à leurs décisions précédentes. Plus royalistes que le roi, ils ne craignaient pas de désobéir provisoirement au souverain, quand il s'agissait de défendre contre le seigneur les droits imprescriptibles de la royauté.

Encouragés par les gens de Toulouse, les bourgeois de Fleurance continuèrent donc, malgré la lettre de main-levée, de se considérer comme annexés au domaine royal, et gardèrent les consuls qu'ils s'étaient donnés au nom de Louis XI. Le sire d'Albret, fort irrité, envoya contre la ville rebelle son fils aîné, Jean, vicomte de Tartas, à la tête de trois mille routiers « armés et embâtonnés d'harnois, javelines, canons et couleuvrines » (1466) [1]. La vengeance fut terrible et le châtiment exemplaire. L'armée féodale entre à Fleurance, pend les consuls aux quatre portes de la ville, jette dans le Gers le procureur du roi,

---

1. Bibl. nat., coll. Doat, t. CCXXII. *Lettre de Charles, duc de Guyenne, du 10 septembre 1470.*

et se livre au pillage et au viol. Les habitants sont obligés de sortir des murs jusqu'à trois portées d'arbalète, la corde au cou ; et là, les soldats leur font baiser trois fois la terre et crier : « Merci et miséri-« corde à monseigneur d'Albret. »

Cette exécution ne pouvait qu'envenimer les haines. Chassés de la ville, les bourgeois de Fleurance qui avaient mené l'insurrection et se montraient particulièrement hostiles au sire d'Albret assignèrent leur seigneur devant le parlement de Toulouse. Au nom de leurs concitoyens opprimés, ils protestèrent contre la donation de 1425, déclarèrent que les testaments, contrats et privilèges rendaient le comté de Gaure inséparable de la couronne et demandèrent que le sire d'Albret fût condamné « à une bonne grosse amende envers le roy, » à payer cent mille livres aux habitants, à fonder et à doter des chapelles dans les églises de Fleurance, et à faire dire, chaque jour, cent messes hautes et basses pour les âmes des victimes [1].

Sur ces entrefaites, le nouveau duc de Guyenne, Charles, frère de Louis XI, obtint que son gouvernement fût accru de la judicature de Verdun dans laquelle était compris le comté de Gaure (1469) [2]. La cause fut donc portée de Toulouse à Bordeaux et le duc de Guyenne en devint l'arbitre. Vivement sollicité par les habitants de Gaure, il rendit un arrêt par lequel il confirmait le don de 1425, mais seulement en ce qui concernait le comté, réservant les droits du roi sur Fleurance et sur sa banlieue. Le sire d'Albret refusa de

1. Arch. des B.-Pyr. E. 163.
2. Dom Vaissète, *Géogr. hist.*, VII, p. 89.

se soumettre à cette ordonnance, conserva garnison dans la ville et empiéta de telle manière sur les attributions des consuls que Fleurance faillit être abandonnée de tous ses habitants [1]. Un second arrêt de Charles de Guyenne (10 septembre 1470) mit le comte de Gaure en demeure d'obéir; mais la mort du vassal et celle du suzerain, et l'avénement à la seigneurie d'Albret d'un ami intime de Louis XI, amenèrent un revirement peu avantageux pour Fleurance. La ville dut rester soumise, pendant près de dix ans, aux caprices despotiques de son nouveau seigneur, Alain.

Cependant, au début du règne de Charles VIII (1483), parut une ordonnance qui réunissait à la couronne les domaines aliénés par Louis XI, entre autres, le comté de Gaure [2]. Cette formalité, chère aux gens du roi, était l'accompagnement obligé de tout avénement; mais d'ordinaire les grands seigneurs refusaient de s'y soumettre. Alain obtint aisément d'Anne de Beaujeu que le jeune roi confirmât le don sanctionné par son père et son aïeul et reçut l'hommage dû pour le comté [3] (10 janvier 1483). Certain de n'être point inquiété de ce côté, il ne songea désormais qu'à tirer le plus grand profit possible de sa seigneurie.

Le Midi se trouvait alors désolé par cette guerre féodale, dont nous avons déjà parlé, qui mettait aux prises les maisons de Foix-Grailli et de Foix-Narbonne. Le sire d'Albret avait pris parti pour la première, représentée par Madeleine de France et par

---

1. Bibl. nat., coll. Doat, t, CCXXII, *Lettre de Charles de Guyenne*.
2. *Ibid.*
3. Ms. 16834, f° 64.

Catherine de Foix, qu'il espérait pouvoir marier à son fils aîné, Jean. Il fit du pays de Gaure l'étape ordinaire des soldats, qui, des Landes, se dirigeaient sur le Toulousain et le comté de Foix, théâtres principaux des hostilités. On sait quelle était encore à cette époque la brutalité des gens de guerre, et combien peu, malgré les sévères ordonnances de Charles VII, leurs mœurs s'étaient améliorées. Une certaine discipline pouvait exister dans les compagnies d'ordonnance soumises directement au roi et recevant de lui une solde régulière; mais les troupes de cinquante ou de cent lances, confiées à de grands seigneurs qui résidaient loin de la cour, étaient rarement payées et vivaient de pillage. Leur capitaine, à court d'argent, trouvait commode de les établir à discrétion dans ses domaines féodaux : source de vexations continuelles, dont les gens de Gaure, en raison de leur rébellion passée, eurent plus à souffrir que tous les autres sujets de la maison d'Albret. En 1483, Alain, fixé à Toulouse, envoie plusieurs compagnies à Vic-Fezensac [1], avec charge de combattre Louis, bâtard d'Armagnac, partisan du vicomte de Narbonne. Les soldats d'Albret, vainqueurs du bâtard à Sauveterre [2], reprennent le chemin de Toulouse et passent par Fleurance où, sur l'ordre d'Alain, ils sont logés aux frais des habitants. Ils y restent huit jours, sans rien payer [3]. A peine sont-ils partis que les capitaines Lafitte et Labarthe viennent, au nom du sire d'Albret,

---

1. Département du Gers, arrondissement d'Auch.
2. *Ibid.*
3. Ms. 16834, f° 263.

obliger les habitants de lever cent vingt hommes d'armes qui sont dirigés sur Maubourguet [1] où la comtesse de Foix-Narbonne était assiégée. La même année, un autre capitaine au service d'Alain arrive à Fleurance et déclare aux bourgeois que leur maître exige d'eux la somme de six mille livres tournois (180 000 fr.), nécessaire au dégagement de certains biens et joyaux qu'il a mis en gage à Toulouse [2].

Journellement pillés par les soldats et rançonnés par le suzerain, les habitants de Gaure se décidèrent enfin à la résistance. En 1485, cent lances de l'ordonnance du roi entrent dans le comté, annonçant qu'ils viennent y séjourner, avec leurs serviteurs et leurs chevaux, jusqu'à ce que le sire d'Albret leur ait payé leur solde. Cette fois, les bourgeois de Fleurance, outrés, ferment les portes de la ville et font le guet derrière les remparts, résolus à soutenir un siége. Ils se défendent courageusement pendant une semaine « faisant force exploits de guerre, mais ne pouvant sortir, car les gens d'armes les battaient et leur volaient jusqu'aux chemises. » La position finit par n'être plus tenable, il fallut recevoir les soldats. Ces terribles hôtes se dédommagèrent largement des huit jours d'attente qu'ils avaient subis ; ils ne quittèrent la ville et le pays qu'au bout de six mois, après avoir tout saccagé [3].

L'indignation des gens de Gaure était au comble ; à tout prix, il leur fallait secouer un joug devenu into-

---

1. Département des Hautes-Pyrénées, arrondissement de Tarbes.
2. Ms. 16834, f° 263.
3. *Ibid.*

lérable. Le sire d'Albret lui-même leur en offrit l'occasion, lorsqu'en 1486 il s'associa activement à la coalition féodale formée par les ducs d'Orléans et de Bretagne contre la régente, Anne de Beaujeu. A la première nouvelle de cette rébellion, grande joie à Fleurance et à Toulouse. Une députation de bourgeois se rend auprès de Charles VIII, insiste sur la nécessité d'arracher Fleurance à la tyrannie d'un seigneur félon, et représente que, sur la foi d'anciens documents, le pays doit être inséparable de la couronne [1]. Bientôt le Parlement de Toulouse est autorisé à confisquer les biens du sire d'Albret et à mettre le comté de Gaure en la main du roi. Le sénéchal de Toulouse, Gaston de Lyon, chargé d'exécuter l'arrêt, entre à Fleurance et dépossède les officiers d'Albret auxquels il substitue des fonctionnaires royaux.

Alain se trouvait alors à Nontron, en Périgord, occupé d'organiser une armée de sept à huit mille hommes qu'il devait conduire en Bretagne. Il envoie prévenir les gens de Gaure que, dans six jours, il viendra loger chez eux et que, si on refuse de le recevoir, il fera étrangler et pendre tous les bourgeois de Fleurance aux fenêtres de leurs maisons. Aussitôt l'épouvante saisit la ville; les habitants emballent à la hâte leurs effets les plus précieux, abandonnent leurs maisons et s'enfuient. Quelques-uns restent, craignant de ne pouvoir trouver un asile. Le 20 mai 1486, le sire d'Albret entre à Fleurance, et ses soldats, se répandant de tous côtés dans la ville déserte, pillent les maisons de ceux qui étaient notoirement attachés au

[1]. Ms. 16834, f° 64.

parti du roi. Les malheureux qui n'ont pas osé quitter leur logis sont battus et mutilés. Furieux de ne trouver personne dans les maisons, les hommes d'armes étranglent les chiens et les pendent aux fenêtres, jurant « par la chair, la mort et la tête Dieu qu'ils re-« grettent de ne pouvoir traiter les maîtres de la même « façon. » Enfin le sire d'Albret quitte la ville, mais, il y laisse une forte garnison qui l'occupe encore près de deux mois. Elle y serait restée bien plus longtemps « si les soldats eussent trouvé à boire et à manger. » Le manque de vivres et l'approche du sénéchal de Toulouse rendirent aux habitants de Fleurance la libre disposition de leurs foyers [1].

En réponse à cet acte de vengeance, un arrêt du Parlement de Toulouse déclara Fleurance et Gaure définitivement réunies à la couronne (1488) [2].

La défaite d'Alain et de ses alliés à la bataille de Saint-Aubin du Cormier permettait à Charles VIII d'assurer l'effet de cette décision et de la rendre irrévocable. Les bourgeois se croyaient délivrés pour toujours de la domination féodale, lorsqu'une nouvelle concession de la royauté, peu soucieuse, une fois le danger passé, de défendre ceux qui s'étaient compromis pour elle, vint tout remettre en question. Pressé d'être maître du duché de Bretagne, le roi acheta au sire d'Albret la reddition du château de Nantes [3], et lui promit, entre autres avantages, la jouissance pleine et entière du comté de Gaure. Une ordonnance datée

1. Ms. 16834, f° 263.
2. *Ibid.*, f° 43.
3. Traité de Moulins (2 janvier 1490).

de Laval ¹ (4 novembre 1491) remit le feudataire en possession de son domaine, et, comme on connaissait la malveillance des magistrats de Toulouse pour la maison d'Albret, un commissaire spécial fut chargé, au nom du roi, d'exécuter le décret de main-levée. Mais les bourgeois, forts de l'appui du Parlement toulousain, n'entendaient se livrer qu'à la dernière extrémité. Lorsque le commissaire royal se présenta aux portes de Fleurance, les habitants l'accueillirent par des huées, le poursuivirent à coups de bâtons et l'obligèrent à fuir au galop ². Singulier revirement des choses, qui obligeait ces manants à combattre le roi pour se garder à la royauté ! Il fallut que le sire d'Albret vînt lui-même, avec une armée, exécuter l'ordonnance qui le concernait.

En février 1491, Fleurance se trouve assiégée par sept mille gens de guerre et résiste courageusement pendant vingt-trois jours. Puis, la famine commençant à sévir, les bourgeois consentent à ouvrir leurs portes, mais à des conditions honorables. Une fois le traité signé et l'armée introduite en partie dans la place, le vainqueur, violant sans aucun scrupule la foi jurée, exerce, comme il l'entend, son droit seigneurial. Les hommes d'armes forcent les habitants à abattre les portes et à démaçonner les murailles. Ordre est donné ensuite aux malheureux bourgeois de s'avancer une demi-lieue à la rencontre du sire d'Albret « avec les « petits enfants en procession, portant chacun une « chandelle allumée et criant tous à haute voix : Mon-

---

1. Ms. 16834, f° 371.
2. *Ibid.*, f° 381.

« seigneur, pardon et miséricorde. » Alain fait son entrée dans la ville « sous le pavillon où l'on porte Notre-
« Seigneur le jour de la Fête-Dieu, les prêtres et reli-
« gieux habillés de leurs habits, chantant hymnes, et
« les cloches sonnant. » Il passe avec le cortége par-dessus les portes abattues, arrive à la grande église, où les habitants durent chanter « sans en avoir envie » le Te Deum laudamus, et se retire enfin dans son hôtel. Là, il déclare qu'il ne pardonnera point aux bourgeois et n'aura nulle pitié d'eux « ains les détruira de corps et de biens » s'ils ne renoncent au procès qu'ils lui ont intenté à Toulouse et à Paris. Un grand nombre d'entre eux sont forcés de jurer, séance tenante, qu'ils n'essaieront plus de se soustraire à l'autorité féodale. Le sire d'Albret achève son œuvre en installant à Fleurance un gouverneur, un juge, un procureur et un trésorier choisis par lui et dévoués à ses intérêts. Son séjour dans la ville rebelle se prolongea plus d'un mois, au grand désespoir des habitants, que les soldats pillaient sans miséricorde. Après son départ, la situation devint encore pire ; officiers et soldats, laissés en garnison, commirent pendant deux ans, en toute impunité, d'innombrables actes de violence et de rapine, « volant non-seulement le vin et le blé, mais
« jusqu'aux meubles, aux lits et aux couchettes [1]. »

Cependant les gens du Parlement de Paris et de la Chambre des comptes, gardiens sévères des droits de la couronne, avaient écouté avec sympathie les ré-

1. Ms. 16834, f° 324. « Item et quand ledit seigneur (Alain) entra, le demandeur avait en ses caves 12 pipes de vin vermeil et 8 barriques de vin blanc, lequel vin fut prins, beu, gasté et despendu par ledit seigneur d'Albret et ses gens. »

clamations du procureur de Gaure. Dans ce milieu d'hommes de loi, qui ne comprenaient pas toujours les nécessités de la politique royale et repoussaient d'avance toute transaction avec la féodalité rebelle, le traité de Moulins fut vivement attaqué [1]. « Le roi « donne le pays de Gaure au sire d'Albret en dédom-« magement de ses droits sur le duché de Bretagne ? « Mais d'abord ses droits sont purement imaginaires : « Françoise de Bretagne ne peut, à aucun titre, pré-« tendre sérieusement à l'héritage du duché. Alain est « donc mal fondé à réclamer une compensation. De « plus le roi n'a pas le droit d'aliéner le comté de « Gaure qui est inséparable de la couronne. Il veut « tenir le serment qu'il a fait au sire d'Albret lors de la « reddition de Nantes ? Mais n'a-t-il pas juré aussi, à son « avénement, de maintenir intact le domaine royal ? « D'ailleurs les habitants de Gaure se refusent à être « détachés du domaine et le texte de la loi féodale est « précis : *Quod si Dominus alicujus loci vult subjicere* « *illum locum alicui Domino, homines illius loci possunt* « *contradicere et resistere, quia eis jus est ut eorum Do-* « *minus sit liber et ut non habeant plures Dominos.* »

Encouragés par cette consultation des légistes, les gens de Gaure continuèrent d'invoquer la justice royale contre le roi qui les abandonnait. Sans tenir compte de l'ordonnance de Charles VIII, le Parlement de Toulouse maintint son arrêt de 1488 et s'obstina à citer le sire d'Albret devant des juges tout disposés à le

---

[1]. Dom Morice, *Mémoires pour servir de preuves à l'hist. eccl. et civ. de Bretagne* (Paris, 1746), t. III, p. 682 : *Consultation donnée au roi contre les prétentions du sire d'Albret.*

condamner ¹. C'est en vain que ce seigneur obtint de Charles VIII que le procès entre Albret et Gaure fût enlevé à la connaissance du Parlement de Toulouse et renvoyé au Parlement de Paris, les Toulousains tinrent bon et l'accablèrent d'assignations. « Se voyant en grande involution de procès, » Alain se décida à venir lui-même traiter cette question avec Charles VIII.

Il le rencontra à Vienne, occupé des préparatifs de la guerre d'Italie, et lui offrit de renoncer à tous ses droits sur la Bretagne, pourvu que la couronne lui cédât définitivement le comté de Gaure et la ville de Fleurance (août 1494). Charles VIII, toujours soucieux d'assurer l'établissement du pouvoir royal dans le fief important qu'il tenait d'Anne de Bretagne, accepta cette proposition ², et le traité de Vienne confirma l'ordonnance de Laval. « Nous avions promis au sire d'Albret,
« dit le roi dans le préambule de cet acte, pour le *très-*
« *grand, vertueux, utile et profitable* service de Nantes,
« lui bailler vingt-cinq mille livres de rente perpétuelle
« sur le duché de Bretagne, à titre de comté. Ne pou-
« vant le faire sans aliéner ni démembrer nostre do-
« maine, avons fait venir nostre cousin, et, lui arrivé,
« avons commis et ordonné quelques gens de nostre
« conseil pour avec lui parler. Et affin de le faire con-
« descendre à modérer ladite rente, ils ont eu ensemble
« grans différens et altercations. Lui avons enfin
« donné six mille livres de rente avec le comté de
« Gaure et ville de Fleurance ³. » Ce traité fut enre-

1. Ms. 16834, f° 43.
2. *Ibid.*, f° 43.
3. Dom Morice, p. 766. *Traité de Vienne entre Charles VIII et Alain, sire d'Albret.*

gistré au Parlement de Paris, le 20 novembre 1494, *sur l'expresse injonction du roi*. Mais, quand il fallut le faire vérifier à la Chambre des comptes, les difficultés commencèrent. Charles VIII envoya vainement le chancelier Guy de Rochefort et l'amiral de Graville vers les gens des comptes pour les amener à condescendre aux volontés royales. Les magistrats reproduisirent obstinément les objections qu'avait déjà soulevées le traité de Moulins. Ils alléguèrent que ni le sire d'Albret ni ses enfants n'avaient aucun droit sur la Bretagne, qu'admettre ces prétentions était s'exposer à en soulever beaucoup d'autres aussi mal fondées et qu'enfin les habitants de Gaure refusaient le joug féodal.

Embarrassé, ne sachant comment tenir son serment de Moulins, Charles VIII fit encore part au sire d'Albret des obstacles qui s'opposaient à l'exécution des traités. Mais Alain, non moins opiniâtre que les gens des comptes, refusa tout accommodement qui ne sanctionnerait pas la cession définitive de Fleurance et de Gaure (1496). Il rappela bien haut le service rendu, somma le roi de tenir sa promesse et sans vouloir entendre autre chose, quitta Amboise pour retourner dans le Midi. Il fallut que le roi assemblât son conseil. On reconnut que Charles VIII ne pouvait manquer à son serment, que la maison d'Albret avait toujours bien mérité de la couronne et qu'enfin la reddition de Nantes avait amené l'acquisition de toute la Bretagne. Sans doute, les enfants d'Albret n'ont, en réalité, aucun droit valable sur le duché, mais le roi a solennellement avoué le contraire, ce qui suffit. Comme, d'autre part, l'aliénation du domaine est une mesure « très dommageable », on pourra donner au sire d'Albret, au lieu du comté de Gaure, une forte rente de douze mille livres tournois [1].

Il paraît qu'Alain n'accepta pas cet arrangement. De leur côté les habitants de Gaure ne se rendirent pas. Toujours soutenus, du moins secrètement, par le Parlement de Toulouse, ils déclarèrent s'opposer au traité de Vienne, en ce qui touchait la cession de leur pays à la maison d'Albret, et profitèrent des ressources inépuisables que la chicane offrait alors aux plaideurs pour prolonger le procès. Alain, fatigué de cette résistance, dut se résigner à dominer par la force une population qui ne voulait pas de lui. Comme il avait chassé de Fleurance les plus acharnés de ses ennemis, et que les autres bourgeois, intimidés, ne bougeaient plus, il put s'imaginer, pendant quelques années, que l'esprit de rébellion s'était lassé. Mais l'avénement de Louis XII rendit l'espérance aux opprimés. On s'aperçut aisément, à partir de 1501, que le nouveau roi était mal disposé à l'égard du sire d'Albret et de sa famille. Le procès de Gaure, qu'on avait laissé dormir si longtemps, fut agité de nouveau au Parlement de Paris et dans un sens défavorable aux prétentions féodales. Cinq arrêts consécutifs furent rendus contre le seigneur d'Albret, de 1501 à 1506 [2]. Les trois derniers portaient que, pendant la durée du procès, le

---

1. Dom Morice, p. 786. *Instructions données à Jean Robineau, envoyé par le roi vers les gens des comptes pour y faire vérifier un traité fait avec le sire d'Albret.*

2. Ms. 16834, f° 44. Arrêts du 7 septembre 1501, du 9 mai 1503, du 26 août 1504, du 5 septembre 1505, du 27 août 1506. Sur le procès entre Albret et Gaure, voir aussi Arch. des B.-Pyr. E. 164.

comté de Gaure serait provisoirement séquestré au profit du roi.

Ici, la politique royale se retrouvait enfin d'accord avec la tendance populaire et rentrait dans sa véritable voie. Il s'agissait maintenant d'arracher au feudataire la ville qu'il occupait depuis tant d'années et qu'il considérait comme sa propriété légitime. Au moyen-âge, le seigneur aurait résisté, se serait barricadé dans son fief, et le roi eût été obligé d'envoyer une armée. Au commencement du xvie siècle, la féodalité, ne pouvant plus en venir à la violence, se bornait à entraver l'action de la justice royale ; elle intimidait l'homme du Parlement chargé d'exécuter l'arrêt, et retardait, par mille tracasseries, l'accomplissement de sa mission. L'*exécution* qui eut lieu à Fleurance, en 1506, sur l'ordre de Louis XII, dernière phase de la longue querelle que nous venons de raconter, montrera le pouvoir seigneurial forcé dans ses retranchements et contraint de subir la loi commune [1].

Trois conseillers du Parlement de Paris envoyés dans le comté de Gaure, pour mettre Fleurance sous la main du roi, n'avaient pu en obtenir l'entrée. La cour déclara de nouveau que sa sentence devait être exécutée, et une ordonnance royale, datée de Bourges, chargea le conseiller Jean de Laplace et le lieutenant général du sénéchal de Toulouse, Jean Depuis, d'aller déposséder le sire d'Albret « même par la force armée, « s'il en était besoin » (6 octobre 1506). Pendant que

---

1. Pour tous les détails qui suivent, voir le ms. 16834, f° 45 et 99. « Déclaration du lieutenant-général du sénéchal de Tholose, Jehan Depuis. » (31 octobre 1506).

deux sergents de la sénéchaussée vont ajourner Alain à comparaître, le 20 novembre, sur la grande place de Fleurance ¹, le lieutenant du sénéchal part de Toulouse pour procéder à l'exécution. Il emmène avec lui « douze hommes à cheval, bien montés et armés, et « sept hommes de pied armés d'arbalêtes et d'épées, vu « les rebellions et désobéissances du sire d'Albret. » Arrivé à Montbrun ², il reçoit une lettre d'un officier d'Alain, où on l'assure que le seigneur d'Albret est résolu d'obéir au roi et à sa justice, et qu'il était inutile de mettre sur pied tant de gens armés. A Mauvesin ³, se présente Jean Garrigue ⁴, chargé « de faire soumission à l'arrêt du roi, » au nom du sire d'Albret. Des pourparlers ont lieu entre l'agent seigneurial et le commissaire du Parlement. « Comment entendez-« vous procéder à l'exécution, dit Garrigue? Si vous « voulez marcher avec votre train et cortège ordinaires, « vous pourrez entrer à Fleurance et y être obéi. Mais « n'y menez point avec vous certaines gens de la ville « que je vois ici dans votre entourage et qui sont les « ennemis particuliers du seigneur, mon maître. » — « Nous irons à Fleurance comme nous sommes, répond « le lieutenant Jean Depuis, et, quant à ces gens là, il « faut bien qu'ils viennent avec nous, puisque l'arrêt « du Parlement porte que nous devons les réintégrer « dans leurs biens. D'ailleurs, nous allons prendre la « nuit pour y réfléchir ». Le lendemain, Jean Garrigue,

1. Alain fut assigné à Nérac, le 10 novembre, et son fils, le roi de Navarre, à Tarbes, le 14 novembre.
2. Village entre l'Isle Jourdain et Cologne. (Dép. du Gers, arr. de Lombez.)
3. Dép. du Gers, arr. de Lectoure.
4. Il était juge-général du sire d'Albret.

introduit dans la chambre du lieutenant, injurie avec violence les bourgeois qu'il a reconnus; ceux-ci lui répondent par des invectives. « Si vous les amenez « avec vous, répète le représentant du sire d'Albret, « jamais vous n'entrerez dans la ville. Ils ont payé à « Fleurance plusieurs hommes et petits enfants qui « doivent venir à votre rencontre, avec des bannières « fleurdelisées et en criant : vive le roi. S'ils le font, « les habitants du parti d'Albret crieront de leur côté : « vive Albret, et toute la ville sera en feu. » Le lieutenant, convaincu que les partisans du seigneur ne formaient qu'une infime minorité, assure Garrigue que les bourgeois bannis ne le quitteront pas un seul instant, qu'ils seront logés chez lui, et qu'il n'y a aucune émeute à redouter.

En effet, les gens du roi trouvent les portes ouvertes, entrent paisiblement, et s'installent sur la place de la halle, où des siéges parés avaient été disposés pour la séance. A l'heure précise de l'assignation, apparaissent les procureurs et les avocats des deux parties. Le syndic des habitants de Gaure, après avoir donné lecture des arrêts rendus par le Parlement, conclut à ce que le commissaire royal se fasse livrer le château, mette les armes du roi à toutes les portes, réintègre les habitants dépouillés de leurs biens, et destitue tous les officiers. Ceux-ci, interrogés, répondent qu'ils sont prêts à obéir et à se retirer. Le commissaire, après avoir pris acte de leur soumission, renvoie la discussion au lendemain.

Mais, dans l'intervalle, surgit un incident inattendu. Deux officiers du sénéchal d'Agenais se présentent au lieutenant Depuis et déclarent s'opposer à l'exécution, sous prétexte que la ville de Fleurance et le comté de Gaure sont ordinairement du ressort de la sénéchaussée d'Agen et non de celle de Toulouse. Le procureur des habitants de Gaure s'élève énergiquement contre cette prétention : « Jamais, si ce n'est par violence, le « comté de Gaure n'a ressorti de la sénéchaussée « d'Agenais ». Cet obstacle imprévu, que suscitait évidemment le pouvoir féodal à bout de ressources, est écarté par cette simple réponse de l'agent du roi : « Nous sommes seulement ici pour exécuter l'arrêt du Parlement, sans nous mêler des ressorts. »

Les gens d'Albret essayent bien encore, dans la seconde séance, de retarder un dénouement inévitable en attaquant certains détails de l'arrêt, notamment l'article qui ordonne la substitution des armes du roi à celles du seigneur. « Le procès n'est pas jugé défini-« tivement, s'écrie Garrigue, monseigneur d'Albret se-« rait ainsi privé de tout son droit, sans que la justice « ait prononcé ». Depuis lui oppose les termes de la sentence, formels sur ce point. Rien ne venant plus entraver l'exécution, le lieutenant se fait livrer les clefs du château [1], de la ville et du moulin. Défense publique est faite au sire d'Albret et à ses gens de mal-

1. Le capitaine soldé par Alain, Gaston de Gandes, refusa d'abord de le livrer, faute d'avoir reçu des ordres spéciaux. Mais le juge Garrigue lui enjoignit d'obéir. Dix jours plus tard arriva la lettre du sire d'Albret, « donnant acquit à son capitaine de Fleurance pour avoir livré le château. » Un débat s'éleva ensuite au sujet des pièces d'artillerie que renfermait la forteresse, les gens d'Albret les réclamant comme propriété de leur maitre, et les bourgeois comme appartenant à la ville. Le lieutenant du sénéchal termina le différend en promettant une enquête.

traiter les habitants « qui sont sous la sauvegarde du roi et de sa Cour. »

Les bourgeois de Fleurance recueillaient donc enfin le fruit d'une résistance qui avait duré plus d'un demi-siècle. Si leur réunion au domaine n'était pas encore prononcée, en fait, ils appartenaient au roi et comptaient, avec raison, que la féodalité ne pourrait jamais les ressaisir. La ville resta en effet sous la main du roi [1] jusqu'à ce qu'un dernier arrêt du Parlement l'eût adjugée pour toujours à la couronne.

On voit, par le récit détaillé de cette longue guerre entre le seigneur et sa ville, combien fut difficile, pour certaines parties de la France, le passage de la domination féodale à la souveraineté directe du roi, et de quelles souffrances nos pères achetèrent parfois l'ordre et la sécurité que leur promettait la monarchie. Sans doute, l'administration royale ne fut pas toujours aussi bienfaisante que l'espéraient les bourgeois et les paysans. A l'époque où Fleurance et Gaure luttaient avec désespoir pour échapper à leur seigneur, certaines villes, délivrées depuis longtemps du joug

---

1. Comme la ville et le comté n'étaient que séquestrés, en attendant l'arrêt définitif qui devait terminer le procès, le lieutenant Depuis avait dû d'abord laisser les deux parties, Albret et Gaure, nommer contradictoirement les officiers de la place. Il arriva naturellement qu'on ne put s'entendre. Le procureur de Fleurance, Parentis, demande pour gouverneur et capitaine le comte d'Astarac, ou Carbon de Luppé, maître d'hôtel du roi. Jean Garrigue les récuse énergiquement. « D'Astarac, dit-il, est trop grand seigneur; d'ailleurs, il a été l'ennemi acharné du sire d'Albret; quant à Luppé, officier du roi, il a assez à faire à la cour. » L'agent d'Alain propose, à son tour, Arnaut de Caumont, seigneur de Lauzun, ou le sire d'Estissac. C'est alors les gens de Gaure qui les repoussent, sous prétexte qu'ils sont « serviteurs et pensionnés du sire d'Albret. » Fatigué de cette altercation, le lieutenant du sénéchal prend sur lui de nommer les officiers, après avis des deux parties.

féodal, en arrivaient déjà à trouver bien lourds les impôts du roi et à réclamer plus de libertés. Mais la tendance la plus générale était celle qui poussait les populations vers l'unité monarchique et leur conseillait l'alliance intime avec les Parlements et les officiers royaux. Les villes ne devaient-elles pas de la reconnaissance à un pouvoir qui, depuis Charles VII, s'attachait à développer le commerce et l'industrie en diminuant les péages [1], en favorisant les foires et les marchés [2], en encourageant le trafic maritime [3] et en accordant une protection efficace aux marchands français qui négociaient à l'étranger [4] ? Et quant à la classe agricole, ne désirait-elle pas l'extension et l'affermissement d'un régime qui défendait aux hommes de guerre de piller les campagnes, protégeait les blés, les vignes et les maisons, permettait aux paysans de tuer les soldats en maraude, restreignait l'exercice odieux du droit de guet et supprimait les tailles féodales [5] ?

1. Dansin, p. 175.
2. *Ibid.*, p. 177.
3. *Ibid.*, p. 179. Cf. Pierre Clément, *Jacques Cœur et Charles VII*.
4. *Ibid.*, p. 181.
5. *Ibid.*, p. 183.

CHAPITRE V

LES GENS DU ROI ET LES POUVOIRS FÉODAUX.

Disparition des prérogatives féodales sous Charles VII et ses successeurs. — Prétentions de la royauté. — Le sire d'Albret invoque les priviléges de sa maison contre les empiétements des fonctionnaires royaux. — Réclamations de Jean d'Albret, comme vicomte de Limoges. — Alain dispute à la royauté le droit de franc fief et d'amortissement. — Le droit d'imposer, exclusivement revendiqué par la monarchie; résistance des seigneurs et des populations du Midi. Une révolte de paysans dans l'Agenais. — Le droit de guerre privée. Le sire d'Albret et la guerre privée du Languedoc (1484-1512). — Haine des feudataires pour les agents royaux, destructeurs acharnés des prérogatives seigneuriales.

Obligé, faute d'argent, d'accepter de la monarchie une situation subalterne et compromettante; affaibli par les procès et les rivalités de famille; suspect aux villes qui le repoussent et invoquent contre lui le pouvoir central, le feudataire se trouve déjà isolé et sans forces, lorsque la royauté vient à l'attaquer directement.

Quels que soient les rapports d'amitié qui l'unissent à la personne du prince; fût-il le plus assidu des courtisans et le plus obéissant des sujets, il lui faut lutter, tous les jours, contre l'hostilité ouverte d'une administration qui tend à le dépouiller d'abord de ses plus importantes prérogatives, en attendant qu'elle puisse lui enlever la propriété même du fief. Cette guerre faite aux priviléges et aux droits féodaux est aussi ancienne que la monarchie. Menée avec activité et énergie par St. Louis et Philippe-le-Bel, abandonnée pendant les règnes désastreux des premiers Valois, elle a repris avec vigueur depuis l'expulsion définitive des Anglais. En dépit de l'éclipse momentanée que l'autorité royale a subie au cours de la guerre de Cent ans, la supériorité des droits monarchiques sur ceux des princes féodaux n'a pas cessé d'être proclamée par les fonctionnaires et acceptée par l'opinion. Partout se propage cette idée que le seigneur doit laisser au roi les prérogatives attachées à la *justice*, pour ne plus conserver que les avantages inhérents au *fief* [1]. Les attributions de la royauté, érigées tout d'abord en dogmes par les légistes du XIIIe siècle, mais douteuses et contestées encore au temps de Philippe-le-Bel (quels que soient les succès obtenus sur la classe féodale par l'inflexible volonté de ce prince), ont revêtu, sous Charles VII et ses successeurs, un caractère de certitude et de permanence qu'elles n'avaient jamais eues [2]. Si les hauts barons jouissent encore de quelques parcelles de souveraineté, on sent qu'ils le doivent uniquement à la tolérance du monarque ; ce ne sont plus des droits qu'ils exercent, mais des priviléges dont ils usent.

A partir du règne de Louis XI, personne n'ose plus

---

1. *Revue pratique de droit français* (1874), t. XXXVIII, p. 464 (*Théorie du régime seigneurial de l'ancienne France*), par Merville.
2. Félix Rocquain, *Etudes sur l'ancienne France*, p. 169.

nier sérieusement le droit exclusif du roi à s'appliquer la formule *par la grâce de Dieu* [1]; à donner des lettres d'*anoblissement*, de *légitimation* [2], de *remission*, d'*abolition* [3] et de *sauvegarde* [4]; à fabriquer la monnaie [5], à constituer foires et marchés [6], à créer tabellions et notaires [7], à établir des juridictions nouvelles [8]. Ces prérogatives sont devenues le monopole et comme le signe distinctif de l'autorité suprème, qui ne peut les partager avec personne. Pour atteindre ce résultat, il fallut que Charles VII et son fils eussent recours tantôt aux patientes revendications et aux lentes procédures de leurs Parlements, tantôt à la force des armes et aux plus terribles exécutions : souvent même, ils durent employer ces deux moyens à la fois. Contre le duc de

---

1. Charles VII accorda spécialement le droit de porter ce titre au duc de Bourgogne (Isambert, t. IX, ord. de Tours, 28 janvier 1448); et Louis XI au prince d'Orange. (*Ibid.*, Rouen, juin 1475.)
2. Ces deux droits furent réservés au roi par une lettre de Charles V (18 avril 1372), une ordonnance de 1456, et surtout par l'article 70 de l'ordonnance de Blois (mars 1398). Voir le jurisconsulte Bacquet (*Traité des droits de justice*, p. 17), Isambert, t. XI, n° 26. Cf. Boutaric : *La France sous Philippe le Bel*, p. 16 et 55.
3. Sur la définition de ces droits, voir Boutaric, *ibid.*, p. 16. Un des griefs de Charles VII contre le comte d'Armagnac, fut l'usurpation des droits de grâce et de rémission. En juin 1475, Louis XI permit au prince d'Orange de faire rémission (Isambert, X, n° 201). Mais l'ordonnance de 1498 est formelle; art. 70 : « Au roy seul appartient de faire grâce et rémission. » Les gouverneurs de province doivent demander au roi la permission de gracier les prisonniers le jour de leur entrée; ainsi, en 1511, Louis XII se plaignit que le duc de Longueville, gouverneur de Guyenne, eût, contrairement aux ordonnances, usé du droit de rémission envers les criminels de Bordeaux (*Registre secret du Parlement de Bordeaux*, t. I, p. 74). François Ier donna cette autorisation au gouverneur de Lautrec (*Ibid.*, p. 103), en 1515.
4. Coll. Doat, t. CCXXV, f° 24. Voir plus bas, p. 168.
5. Boutaric, *ibid.*, ch. vi; Rocquain, p. 161.
6. Droit réservé au roi par l'acte de 1372. (Bacquet, p. 17.)
7. *Idem.*
8. *Idem.*

Bourgogne, la royauté soutient que la Flandre et l'Artois relèvent de la juridiction du Parlement de Paris. Au duc de Bretagne elle réclame l'hommage-lige et conteste le titre « par la grâce de Dieu ». Elle emprisonne le duc d'Alençon pour apprendre aux grands vassaux qu'ils n'ont plus le droit de faire alliance avec l'étranger contre la volonté du suzerain. Elle défend à Gaston de Foix de s'intituler « comte par la grâce de Dieu » et de s'opposer à la levée des subsides royaux dans ses Etats. Enfin, elle punit sévèrement Jean IV et Jean V, comtes d'Armagnac, non-seulement parce qu'ils sont souillés de cruautés et d'incestes et font cause commune avec les Anglais, mais parce qu'ils usurpent les droits régaliens, fabriquent de la fausse monnaie, exercent le droit de grâce, lèvent des francs-archers, imposent trois fois par an une contribution à leurs sujets et les empêchent de payer la taille royale.

La maison d'Albret, comblée des faveurs de la dynastie régnante, n'essaya pas d'affecter l'indépendance et de repousser violemment de ses terres l'influence monarchique qui cherchait à s'établir là comme dans tous les autres fiefs. Plus reconnaissante ou plus prudente, elle se contentait, en général, d'invoquer ses *priviléges* et d'adresser de respectueuses réclamations à la royauté.

Les sires d'Albret avaient obtenu, en effet, de Philippe VI et de Charles VI [1], à ces époques malheureuses où le pouvoir royal, oublieux de ses propres intérêts, développait lui-même l'autorité ennemie des

1. Arch. des B.-Pyr. E. 74. *Lettre de Charles, duc de Guyenne.* (Bordeaux, mai 1470.)

nobles, des prérogatives judiciaires et politiques qui leur conféraient une part considérable de la souveraineté. Ils possédaient ainsi, entre autres droits, celui de créer des justices d'appel et de faire des ordonnances applicables à toute l'étendue de leurs domaines. Sous les règnes de Charles VII et de ses successeurs, les sires d'Albret ne manquèrent jamais une occasion de réclamer du souverain la confirmation solennelle de leurs priviléges. Le duc de Guyenne, frère de Louis XI, y souscrivit, en mai 1470, sur les instances du grand-père d'Alain, Charles II. Alain sollicite et obtient la même faveur de Charles VIII en janvier 1490; de Louis XII, en février 1511 et en novembre 1513 [1]. Mais le nombre même de ces confirmations successives est une preuve évidente de leur inutilité. Les priviléges féodaux les plus formels et les plus authentiques se trouvaient de fait annulés, soit par le mauvais vouloir de l'administration locale, soit par le texte des ordonnances générales que terminait la formule bien connue : *nonobstant tous priviléges à ce contraires.*

A plusieurs reprises, la maison d'Albret supplie le roi de tenir ses promesses et lui dénonce les abus de pouvoir de ses officiers. Un jour il s'agit d'une *aide*

---

1. Arch. des B.-Pyr. E. 74. *Ibid.* E. 84 *bis : Double des lettres patentes de Louis XII, confirmant les priviléges judiciaires des vassaux d'Albret;* et aussi : *Requête par le sire d'Albret faicte au Roy sur les libertés de ses terres et subiectz,* sans date; E. 87 : *Articles présentés par le sire d'Albret au roy Charles VIII, touchant le droit, justice et priviléges des terres d'Albret* (2 janvier 1490); E. 99 : *Lettres de Louis XII, confirmant les priviléges d'Albret* (Blois, février 1511); E. 101 : *Privilége pour la maison d'Albret; les juges d'appeaulx des terres d'Albret.* (26 janvier 1513, 30 novembre 1513.)

que doivent payer tous les habitants de la sénéchaussée des Lanes, pour subvenir aux frais de construction des châteaux de Bayonne, de Dax et de Saint-Sever. Le sire d'Albret, « pour obéir au bon plaisir du roi », permet à ceux de ses sujets qui sont compris dans la sénéchaussée d'acquitter cette contribution, mais il proteste et envoie copie des priviléges de sa famille au trésorier de France établi à Bordeaux, Jean Bureau. Ce dernier n'en tient compte et ne répond même pas [1].

Quelque temps après, un autre agent royal, Martin Roux, trésorier des guerres, ordonne, de sa propre autorité, aux habitants de la sénéchaussée des Lanes de fournir quatre-vingt-deux lits garnis pour l'armée du roi et de les porter à Bayonne, à Dax et à Saint-Sever. Le sire d'Albret s'élève énergiquement contre cette nouvelle imposition ; se plaint qu'ont l'ait établie sans son aveu et représente que les malheureux Landais, loin de pouvoir donner des lits, « n'en ont pas à grand peine pour coucher, eux et leur ménage. » Le trésorier passe outre et ajourne les contribuables récalcitrants à Bayonne pour une époque déterminée. Ceux-ci, fort effrayés, vont alors trouver leur seigneur et le supplient de les faire décharger de cet impôt exorbitant. Au terme de l'ajournement, un procureur du sire d'Albret paraît à Bayonne et déclare s'opposer tant à l'ajournement qu'à l'impôt, jusqu'à ce que le roi ait été informé des priviléges de la maison d'Albret. Pour

---

[1]. Bibl. nat., coll. Doat, t. CCXXVI, f° 173. *Remontrances faites au roi par le sire d'Albret sur les priviléges et exemptions des habitants de ses terres, et les droits qu'il avait sur diverses terres et seigneuries.*

toute réponse, Martin Roux fait saisir l'agent seigneurial et le tient prisonnier pendant trois mois au château de Bayonne [1].

C'est ainsi que les gens du roi respectaient les priviléges féodaux. Un mémoire rédigé pour le fils aîné d'Alain, roi de Navarre, et relatif aux droits des vicomtes de Limoges, montre nettement quelles étaient, sur un autre point du domaine d'Albret, ces prétentions respectives de l'autorité seigneuriale et de la royauté. Le roi de Navarre affirme d'abord que ses prédécesseurs, les vicomtes de Limoges, « ont eu de « toute ancienneté juges d'appeaulx et ressorts *en* « *toutes matières et actions.* » Remarquons cette dernière expression qui semble impliquer la négation des « cas royaux. » Il ajoute : « Si les sujets de la dite « vicomté, en matière d'appel ou par concession, *en* « *quelque matière que ce soit*, sont parvenus au siége « royal, ils doivent être renvoyés devant nos juges « d'appeaulx. » Ce droit d'appel, commun aux comtes de Périgord et aux vicomtes de Limoges, a été récemment l'objet d'attaques très-vives de la part des officiers du roi : « Il faut, continue Jean d'Albret, que ce « privilége important soit dûment confirmé. » Là ne se borne pas l'ambition du roi de Navarre : il voudrait faire revivre les autres « droits et prééminences » qu'ont exercés les vicomtes de Limoges, et il les énumère soigneusement : droit d'anoblir, d'amortir, de gracier, de donner lettres de sauvegarde, de faire forger monnaie. Il reconnaît cependant que ses pré-

[1]. Doat, t. CCXXVI, *ibid.*

décesseurs n'ont pas usé du droit d'anoblissement et du droit de monnayage, mais dit qu'en somme « ils « ont joui réellement de presque tous ces droits, « surtout de l'appel et des lettres de sauvegarde, « quoique actuellement les gens du roy veulent « empêcher qu'on ne donne lettres de sauvegarde, « disant qu'il appartient au roy seul de le faire ». Malheureusement, ajoute-t-il, les titres de ces privilèges ont été brûlés dans l'incendie du château de Ségur [1].

Le fils de Jean d'Albret, Henri II, roi de Navarre, invoquera lui aussi, contre la résistance des fonctionnaires royaux, le droit de créer des notaires dans sa vicomté de Limoges [2]. Mais ni l'un ni l'autre ne pouvaient se faire illusion sur l'efficacité de pareilles réclamations. En revendiquant ces droits surannés, ils remplissaient une pure formalité et se conformaient simplement à la tradition féodale.

Il y avait cependant certaines prérogatives qui furent, même après l'établissement de la royauté absolue, le sujet de débats fort longs et assez vifs entre le roi et ses grands vassaux. La féodalité, tout en abandonnant complétement à la monarchie la plupart de ses anciennes attributions, demandait au moins le partage du reste. D'une part, elle ne pouvait se résoudre à rester complétement désarmée; d'autre part, elle tenait à conserver, dans l'intérêt de ses finances, quelques-uns de ces droits lucratifs dont le moyen-

---

1. Doat, t. CCXLVI, f° 102. *Mémoire des droits et prééminences des comtes de Périgord et vicomtes de Limoges.*
2. *Ibid.*, t. CCXXXII, f° 83. *Lettre du Roy de Navarre à monsieur d'Andoins touchant ce qu'il aura à dire en cour de France.*

âge l'avait laissée si longtemps investie. De là les différends qui s'élevèrent entre la maison d'Albret et les rois contemporains d'Alain, à propos du *droit d'amortissement,* du *droit d'impôt* et du *droit de guerre privée.*

Le roturier qui acquérait un fief, n'étant pas réputé capable de le desservir, causait un certain préjudice au seigneur dont la terre achetée relevait. Celui-ci exigeait alors de l'acquéreur une indemnité proportionnelle au dommage éprouvé : ce qui constituait le droit de *franc-fief.* De même, lorsqu'un évêché, une abbaye, une communauté religieuse quelconque achetait un immeuble, l'autorisation seigneuriale était indispensable pour rendre l'acquisition valable ; car le domaine, devenant ainsi bien d'Église, c'est-à-dire inaliénable, se trouvait, en quelque sorte, détaché de la société féodale et perdu pour le suzerain. De là le droit d'*amortissement* que prélevait ce dernier en raison du préjudice subi. Dans l'un et l'autre cas, le fief était amoindri, *abrégé;* aussi le terme d'amortissement s'appliquait-il souvent, en langage ordinaire, au *franc-fief* du roturier comme au *nouvel acquêt* de l'ecclésiastique [1].

Les barons ne restèrent pas longtemps en possession exclusive de ces deux sources de revenu. Le roi, *chef seigneur,* suzerain de tous les fiefs abrégés, prétendit que le dommage causé par l'*abréviation* remontait jusqu'à lui et, dès la seconde moitié du XIIIe siècle, exigea pour son trésor une part du droit de franc-fief

[1]. Bacquet. *Traité des droits des francs-fiefs, nouveaux acquêts, annoblissements et amortissements;* p. 273-4. Boutaric, p. 56.

et de nouvel acquêt. Philippe-le-Hardi et Philippe-le-Bel se montrèrent d'autant plus avides de recueillir ces indemnités que les achats de fiefs nobles par les roturiers enrichis et par les églises se multipliaient tous les jours davantage [1]. En 1285, 1291, 1325, 1370, 1388, des commissaires royaux furent envoyés dans toutes les provinces pour procéder à la recherche des francs-fiefs et nouveaux acquêts [2], au grand mécontentement des seigneurs, obligés naturellement de diminuer leurs exigences. Cependant, du moins jusqu'à la fin du xive siècle, la royauté n'osa pas revendiquer pour elle seule l'exercice du droit d'amortissement. L'ordonnance faussement attribuée par Laurière à l'année 1275, confirme solennellement ce droit aux pairs de France et aux principaux feudataires [3]. Mais les légistes donnèrent bientôt à entendre que les seigneurs ne jouissaient que par tolérance du pouvoir d'amortir, et qu'en droit la royauté seule possédait cette prérogative [4]. Sous Charles VII et ses successeurs, leur opinion avait complétement prévalu, et les jurisconsultes du xvie siècle furent unanimes à la reproduire.

Mais les barons, comme on le pense bien, ne l'ad-

---

[1]. Boutaric, p. 248-249.
[2]. René Chopin, *De domanio Franciæ*, p. 143.
[3]. Boutaric, p. 249.
[4]. René Chopin, p. 137 : « Amortizare bona ecclesiæ, solius est principis. » Cf. Bacquet, *Traité des francs-fiefs*, p. 273, 4. Dans la lettre de Charles V, du 18 avril 1372, le droit d'amortissement est déclaré exclusivement royal. L'article 17 de l'ordonnance d'Orléans, 16 septembre 1485 (réponse aux doléances des États du Languedoc), prouve que les populations du Midi eurent souvent à souffrir de la rigueur avec laquelle ce droit était exercé. (G. Picot, *États généraux*, t. 1, pièces justificatives.)

mirent pas sans contestations. En 1470, une recherche rigoureuse des francs-fiefs et nouveaux acquêts fut décrétée par Louis XI pour toute l'étendue du royaume. Les commissaires royaux se présentent dans les États d'Alain, alors seulement comte de Périgord et vicomte de Limoges, et commencent leur travail. Alain se trouvait, à cette époque, dans la Franche-Comté, chargé de diriger une expédition contre le duc de Bourgogne, Charles le Téméraire. Indigné de voir que les gens du roi viennent attaquer ses droits seigneuriaux au moment même où il se bat au service de leur maître, il écrit à Louis XI, pour le prier de suspendre l'enquête, et adresse aux commissaires un mémoire justificatif dont voici l'analyse succincte [1]. De toute ancienneté, dit-il, les vicomtes de Limoges, ses prédécesseurs, ont joui du droit d'amortissement « toutes et quanteffoys que bon leur a « semblé, et ce par 1, 2, 3, 4, 5, 6, 7, 8, 9, 10, 20, 30, « 40, 50, 60, 80, et 100 ans, 200 ans en plus, *non vi,* « *non clam, nec precario*, mais à titre et bonne foy, au « veu et sceu des officiers du roy. » Ce droit est d'ailleurs fondé « par ancienne largition et privilége donné « à ses dits antécesseurs et prédécesseurs par feux de « bonne mémoire les roys de France. » En supposant même qu'il n'ait à invoquer aucun privilége de cette nature, il peut toujours alléguer « ceste ancienne et « raisonnable coutume, légitimement prescrite, notoi- « rement tenue et gardée au dit pays de Limousin, « par tel et si long temps qu'il n'est mémoire du con-

1. Arch. des B.-Pyr. E. 652 : *Mémoire du comte de Périgord adressé aux commissaires.*

« traire. » Mais on ne doit pas se prévaloir contre lui de ce qu'il n'est pas en état de produire sur-le-champ, « ladite largission et privilége », car personne n'ignore qu'il est absent du Limousin « et s'est transporté à « certaing pays posé en la haulte Bourgoigne, pour le « faist de l'expédition de l'armée envoyée au dit pays « par le roy, afin de mectre à exécution, comme vray « et obéissant vassal et subject, la charge qu'il luy a « baillée, et ne doit-on, en bonne conscience, faire « aucune chose contre luy. Mais quant Dieu l'aura ra-« mené, il fera ouvrir ses trésors et promectra de ses « dits faits tellement qu'il devra suffire. » Enfin, si « par « aucune adventure » le privilége avait été perdu, brûlé ou distrait de ses archives, ce ne serait pas encore une raison suffisante pour le priver « de son bon droit ».

Les commissaires eussent été peu touchés de ces arguments, si une lettre de Louis XI « considérant les « services rendus par le comte de Périgord et ses pré-« décesseurs à sa couronne » ne leur avait enjoint d'examiner « longuement » tous les titres et papiers qu'Alain leur présenterait [1]. Celui-ci ordonne à ses procureurs de se mettre en quête des documents nécessaires et les envoie chez tous les gens d'Église du Limousin chercher les titres des nouveaux acquêts [2]. Survient

1. Arch. des B.-Pyr. E. 652 : *Lettres de Louis XI*, Amboise, 13 août 1470.
2. Arch. des B.-Pyr. E. 103 : *Lettre du sire d'Albret à maître Pierre de Braie* :
« Maistre Pierre de Braie, vouz savez que, l'autre jour, quand vintes « par devers nous, vouz chargasmes de recouvrez tous les tiltres « que pourres recouvrez touchant le fait des amortissemens de la « vicomté. Et pour ce que maistre Pierre de Lesbalière nous a « escript que les commisères lui ont donné journée de besoignez « avecques eux de huy en huit jours, ne sçavons se avés fait dili-

un incident imprévu : une partie des pièces les plus probantes se trouvent aux archives communales de Limoges, et la cité, toujours en hostilité avec le vicomte, refuse d'y laisser faire des recherches. Il faut que Louis XI lui-même recommande expressément aux consuls de donner aux procureurs vicomtaux « la « faculté d'extraire des arches et coffres de la ville les « pièces concernant l'affaire et d'en prendre copie » [1].

Mais quelle était l'utilité de toutes ces recherches? Si la raison d'ancienneté et de longue jouissance eût été un argument de quelque poids auprès des fonctionnaires royaux, tous les droits féodaux se trouvaient inattaquables et les empiétements de la monarchie, sans excuse. On savait bien que les vicomtes de Limoges avaient longtemps exercé le droit d'amortir. Les discussions des seigneurs avec les commissaires du roi, parfaitement oiseuses en elles-mêmes, offraient seulement au pouvoir central le moyen d'exempter certains feudataires d'une mesure qui devait peser sur tout le monde. C'est ce qui arriva pour Alain en 1470. Une lettre de Louis XI évoqua le débat au Grand conseil et ordonna aux commissaires chargés de la réforme des francs-fiefs de suspendre leur exécution dans la vi-

« gence de recouvrer les enseignements que vous pourrez recou-
« vrez et partout vouz enquérir ou il en aura et les recouvrez incon-
« tinant à toute diligence. Nous envoyons le seigneur de Vart par
« devers eulx pour prolonger la journée s'il peut et lui avons chargé
« vous escripre ce qu'il besoignera avecque eulx. Nostre Seigneur
« soit garde de vous, Alain. » Cf. E. 652. Lettre d'Alain à ses procureurs (9 février 1470).
1. Arch. des B.-Pyr. E. 652 : *Lettres de Louis XI et des commissaires du roi au procureur-général du comte de Périgord, l'autorisant à forcer les consuls de Limoges à laisser extraire des archives les pièces des francs-fiefs.* (27 avril 1471.)

comté de Limoges, jusqu'à ce que l'arrêt du conseil eût été rendu [1].

Vingt ans après, la sentence n'était pas encore prononcée : mais les gens du roi essayèrent probablement plusieurs fois, dans l'intervalle, d'exercer le droit du souverain; car, en 1480, on voit les commissaires rechercher les francs-fiefs de la châtellenie de Massère [2]. En 1490, lorsque le roi de Navarre, Jean d'Albret, devient co-titulaire de la vicomté avec son père Alain, Pierre Charreyron, lieutenant général du sénéchal de Limousin, fait comparaître devant lui Jean de Pompadour et d'autres officiers du roi de Navarre, pour les sommer encore de laisser procéder à la réformation des biens amortis [3]. Ceux-ci refusent, affirment de nouveau que le roi de Navarre a reçu de ses prédécesseurs le droit d'amortir, et soutiennent « que les manants « et habitants de ladite vicomté ne doivent être con- « traints à payer aucune redevance pour faute d'amor- « tissement qu'à lui. » Chose singulière ! l'agent royal ne récuse pas directement leur assertion et se borne à répondre que le roi de Navarre n'est pas vicomte de Limoges, puisque la vicomté a été mise sous la main du roi. — Il y a eu main levée, répliquent triomphalement les officiers d'Albret. En même temps ils exhibent aux commissaires la lettre royale du 13 août 1470, et une lettre toute semblable de Charles VIII datée du 6 avril 1489. Heureusement pour le seigneur d'Albret qu'il rentrait en grâce, cette même année, auprès du

1. Arch. des B.-Pyr. E. 652 : *Lettres de Louis XI.* (Amboise, 13 août 1470.)
2. *Ibid.* Ord. des commissaires du roi. (5 avril 1480.)
3. Bibl. nat., coll. Doat, t. CCXLVI, f° 1.

gouvernement d'Anne de Beaujeu, en lui livrant le château de Nantes : car autrement, les réformateurs des francs-fiefs ne se fussent sans doute pas arrêtés à pareil obstacle. Ils constatent, pour la forme, que le procès n'est pas encore vidé au Grand conseil, et suspendent l'exécution [1]. En 1515 le litige durait encore et le sénéchal de Limousin faisait une nouvelle enquête pour savoir si le roi de Navarre avait, oui ou non, le droit d'amortir [2]. Formalité toujours aussi inutile, mais qui montre néanmoins combien étaient longues et opiniâtres les résistances féodales et quels ménagements la royauté, au moment même où elle devenait absolue, croyait devoir encore garder vis-à-vis de ses grands vassaux.

Une question capitale pour les feudataires était celle des impôts prélevés dans leurs fiefs. Le roi avait-il le droit d'imposer les sujets des seigneurs ? Le consentement de ces derniers était-il, en ce cas, nécessaire ? Eux-mêmes pouvaient-ils lever des tailles sur leurs vassaux ?

Dès le règne de Philippe-le-Bel, il paraît établi que la royauté, outre ses revenus particuliers, perçoit sous les noms divers d'aides, maltôtes, fouages, cinquantièmes et centièmes, des impôts extraordinaires sur l'ensemble du territoire [3]. Ces subsides sont généralement décrétés dans une assemblée de prélats et de barons qu'il ne faut pas confondre, dit avec raison

---

1. Bibl. nat., coll. Doat, t. CCXLVI, f° 1.
2. *Ibid.*, f° 205. Arch. des B.-Pyr. E. 652.
3. Boutaric, *France sous Philippe le Bel*, l. X, chap. II. *Impôts généraux extraordinaires.*

M. Boutaric, avec les États-généraux, puisque le tiers état n'y figure pas [1]. Ils sont levés dans les terres des seigneurs avec l'assentiment de ceux-ci, à qui le roi abandonne presque toujours la moitié de l'impôt pour assurer la perception du reste [2]. Les instructions données aux commissaires que Philippe-le-Bel charge de prélever l'aide de 1303 prouvent que ce monarque ne se reconnaissait pas le droit d'imposer ses arrière-vassaux sans l'autorisation des seigneurs directs [3].

Cependant, il faut croire que cette règle ne fut pas toujours observée; car, en 1297, le comte de Foix se plaignait qu'on eût négligé de lui demander son consentement [4]. Au xiv° et au xv° siècles, ces impôts généraux deviennent habituels; mais la royauté se les fait accorder par les États-généraux de la langue d'oil et de la langue d'oc, qui s'enhardissent, sous le roi Jean, au point d'en revendiquer exclusivement le vote, la perception et l'emploi. En 1439, l'ordonnance d'Orléans porte que, « *du consentement des estats* le roy a fait mectre sus une taille sur son peuple pour le fait de sa guerre. » Mais Charles VII et Louis XI ayant, dans la suite, établi à plusieurs reprises le subside sans avoir réuni les États-généraux, la monarchie absolue se trouve, par le fait, fondée en France [5]. Les gens du roi et les jurisconsultes font prévaloir dans l'opinion ce principe que le droit d'imposer est une prérogative

---

1. Boutaric, *France sous Philippe-le-Bel*, etc., p. 261.
2. *Ibid.*, p. 260, 261, 263.
3. *Ibid.*, p. 268.
4. *Ibid.*, p. 265.
5. Félix Rocquain, *Études sur l'ancienne France*, p. 162.

éminemment royale. L'ordonnance d'Orléans ne laisse point d'équivoque sur ce point [1]; d'une part, elle se garde bien de mentionner la nécessité du consentement des barons; d'autre part, elle leur défend formellement « d'empêcher les deniers de la taille du « roy [2] » ou « de la détenir » sous prétexte que le roi est leur débiteur [3]. Le légiste érudit, Réné Chopin, après avoir tout d'abord proclamé l'axiome *Vectigalia imponere solius est Principis proprium,* ne suppose pas non plus que le roi puisse être obligé, pour lever la taille, de demander l'assentiment des feudataires [4].

Il ne faut pas cependant s'imaginer qu'au temps d'Alain cette prétention de la royauté et de ses agents ait été admise aisément sur tous les points du territoire. Les grands vassaux exigent encore que les gens du roi n'établissent point de taxes sur leurs domaines sans avoir, au préalable, obtenu leur autorisation. Nous avons déjà vu le sire d'Albret réclamer à deux reprises contre la violation de cette règle pour ses sujets des Landes. En 1487, les habitants du Condomois lui demandent s'ils doivent contribuer à la taille royale. Il leur adresse un billet ainsi conçu : « Le sire « d'Albret. Nous avons vu le contenu es articles cy-des- « sus écrits et, en tant que touche les deniers du roy, « entendons et voulons qu'ils soient payés par nos « sujets : et, du surplus, que le tout soit mis en sur- « séance, jusques à ce que par nous autrement y soit

---

1. Isambert, *Ord. d'Orléans*, 2 nov. 1439 (t. IX, n° 122).
2. *Ibid.*, art. 41.
3. *Ibid.*, art. 42.
4. René Chopin, *De domanio Franciæ*, p. 81.

« pourvu. Fait à Fleurance, le douzième jour de juin,
« l'an 1487. Alain [1]. » En 1510, l'imposition destinée à
payer les lances de l'Agenais et du Bazadais est perçue
de concert par les officiers du roi et par ceux du sire
d'Albret. Mais souvent les receveurs et les trésoriers
royaux préféraient se passer du consentement seigneurial, ainsi que le prouvent les plaintes contenues
dans le cahier de doléances des États de Languedoc
de 1485. Les députés demandent en effet expressément qu'on ne lève aucune somme sur les vassaux
sans l'assentiment des seigneurs [2]. Il fut répondu que
le gouvernement satisferait à cette requête : promesse
de peu de valeur, sans doute, comme plusieurs de
celles que le chancelier de Charles VIII avait faites,
l'année précédente, aux trois états réunis à Tours.

Les gens du roi auraient dû d'autant moins négliger
cette formalité du consentement féodal, que les barons n'étaient plus en état de s'y refuser ouvertement. La conduite énergique de Charles VII à l'égard
des comtes de Foix et d'Armagnac, coupables d'avoir
empêché leurs sujets de contribuer aux subsides
royaux, rendit la féodalité plus prudente. Par esprit
d'indépendance et aussi en vue d'une perception plus
facile et plus sûre de leurs revenus seigneuriaux, les
barons ne cessèrent d'encourager secrètement leurs
sujets à se soustraire aux exigences du fisc et d'intercéder en leur faveur auprès de la royauté. On sait
avec quelle rigueur impitoyable procédaient les offi-

1. Samazeuilh, *Histoire de l'Agenais*, t. II, p. 56.
2. G. Picot, *Histoire des États généraux*, t. I, p. 138, art. 14 de l'ord. d'Orléans (16 sept. 1485).

ciers chargés de lever les deniers du roi : aussi n'étaient-ce pas tant les seigneurs, que leurs vassaux, bourgeois et paysans, qui se refusèrent à payer la taille. Les habitants des pays de Foix et d'Armagnac, obéissant très-volontiers sur ce point à leurs comtes, restèrent sans contribuer aux aides jusqu'en 1445, où l'armée royale vint les y contraindre [1]. Vers 1480, Madeleine de France, princesse de Viane, écrit au sire d'Albret [2], lieutenant-général du roi en Guyenne, pour le prier de ne pas obliger ses sujets de la vicomté de Tursan à payer l'impôt des quatre livres et demie établi dans la prévôté de Saint-Sever pour la solde des francs-archers. Ils ont résisté aux receveurs, mais leur appel est porté au roi dont ils espèrent obtenir une lettre de dégrèvement. Au début du règne de François Ier, les *manants* de la vicomté de Marsan, fief du roi de Navarre, n'ont pas voulu non plus payer l'impôt. Leur seigneur s'adresse au monarque et demande qu'on les soulage de cette charge, « qu'ils n'ont jamais supportée, dit-il, jusqu'à présent [3]. »

Parfois aussi, en dépit de l'assentiment des barons et de la coopération de leurs officiers, la répugnance des populations pour la taille royale se manifeste par des refus de paiement formels et des émeutes que le roi et le seigneur répriment ensuite avec la cruauté particulière au temps. Que de détails précieux enrichiraient l'histoire de France, si nous

---

[1]. Vaissète, *Histoire de Languedoc*, V, A. 1443.
[2]. Arch. des B.-Pyr. E. 81 : *Lettre de Madeleine de France au sire d'Albret* (Pau, 28 mai).
[3]. Bibl. nat., coll. Doat, t. CCXXXII, f° 83. *Lettre du roi de Navarre au seigneur d'Andoins*.

possédions le texte de toutes les enquêtes judiciaires relatives aux insurrections populaires du xve et du xvie siècles! Les documents qui révèlent la misère du paysan et du bourgeois sous Louis XIV sont navrants; ces émeutes presque annuelles, étouffées dans le sang, assombrissent singulièrement les splendeurs du grand règne. Mais combien elles devaient être plus fréquentes, sinon plus terribles, à l'époque des Valois, lorsque les campagnes se trouvaient encore livrées à peu près sans défense à la rapacité des châtelains et des receveurs royaux! L'insurrection villageoise que nous allons raconter fut peu dangereuse et fit peu de bruit; mais elle est caractéristique et peint l'époque.

Dans les dernières années du règne de Louis XII, le sire d'Albret s'entend avec le roi pour faire payer aux manants de l'Agenais et du Bazadais une augmentation d'impôt de cinq cent sept livres tournois. Cinq paroisses, déjà accablées par les contributions régulières, se soulèvent contre cette nouvelle charge. Les paysans se réunissent au fond d'un bois et là jurent solennellement « de secourir et ayder les ungs « aux aultres et ne payer riens des deniers à eulx im- « posez. » Si les officiers du roi veulent les y contraindre « ils se deffendront envers tous et contre tous « à mort et à vie, et feront leur assemblée par tosque « saint d'une esglise en autre et là morront et vivront « ensemble. » Non contents de se révolter, ils font de la propagande; ils essayent d'organiser et d'étendre la résistance en adressant une lettre circulaire aux localités voisines. Quand arrive le jour marqué pour le paiement du premier quartier, les collecteurs royaux et seigneuriaux réussissent partout à lever la taxe, sauf dans les cinq villages qui se mettent en armes. Les officiers veulent employer la force ; ils sont battus par les manants et forcés de fuir. Au second terme, nouvelle sommation des collecteurs, nouvelle déroute de ces agents que les paysans menacent « d'endommaiger en leurs personnes s'ils osent reve- « nir. » Le receveur se décide alors à intervenir et les exhorte « par doulceur » à faire payement. Mais ils lui répondent « qu'il n'est que ung pilhart et n'en « feront rien. » Plainte est portée par le receveur au Parlement de Bordeaux qui mande au sénéchal de Bazadais de procéder « à rigueur de justice » contre les récalcitrants, par prise de corps et de biens. Le lieutenant du sénéchal se transporte dans un des villages rebelles et arrête plusieurs habitants. Mais l'éveil est donné aux autres ; on sonne le tocsin ; on s'arme ; lieutenant et sergents sont attaqués, grièvement blessés et mis en fuite. Quatre-vingt paysans, armés de bâtons et d'épieux, se présentent aux portes de Casteljaloux, résidence des sires d'Albret, « regnyant et blasfemant le nom de Dieu qu'ils au- « royent les prisonniers » ou qu'ils forceraient le château.

Il ne s'y trouvait alors que la mère d'Alain, madame de Tartas, fort émue comme on le pense, et auprès de laquelle étaient venus se réfugier les officiers royaux et seigneuriaux. Voyant qu'on ne répond rien à leur requête, les assaillants entrent dans Casteljaloux « soubz umbre d'aller boyre, » courent à la prison et regardent s'il est possible d'en briser les portes. Mais, à ce moment décisif, le courage les abandonne et « pour doubte de justice » ils se décident à s'en aller. Sur leur chemin, ils rencontrent un commis du receveur, le saisissent, le poussent devant eux avec leurs armes et s'apprêtent à l'emmener, lorsqu'un sergent vint à son secours en criant : « Que « faites-vous, vous autres ? Allez-vous contre le roy et « monseigneur ? » Il reçoit aussitôt trois coups de javeline ; mais, en se débattant, donne au commis le temps de s'enfuir. Les paysans, revenus chez eux, persistèrent longtemps « dans leur malice. » Il fallut que le Parlement de Bordeaux envoyât des troupes pour punir rigoureusement ces vilains, qui avaient commis le crime impardonnable et donné le dangereux exemple de se réunir sans autorisation pour résister aux exigences de la fiscalité royale et féodale [1].

L'ordre public n'eût pas été ainsi troublé dans l'Agenais, si l'on n'avait pas ajouté à l'imposition ordinaire cette *crue* de cinq cent sept livres dont le produit devait sans doute grossir le trésor seigneurial. Ces augmentations inattendues, par lesquelles les barons se payaient souvent de leur complaisance à laisser lever la taille du roi, étaient partout une cause fréquente d'émeutes semblables et encore plus sanglantes. Aussi l'ordonnance de 1439 interdit-elle sévèrement cet abus ; défense est faite aux seigneurs d'établir d'autres tailles « sous prétexte de celle du

---

1. *Bulletin de la Société des sciences, lettres et arts de Pau* (2ᵉ série, p. 37), document emprunté par nous aux Arch. des B.-Pyr. E. 84 *bis*.

« roy ¹; de mettre aucune crue par-dessus la taille
« du roy ²; d'imposer aide ou tribut sans l'autorisation
« du roy ³. » L'ordonnance de Blois sur la réformation
de la justice se prononce plus nettement (mars 1498) :
« Les seigneurs ne lèveront aucunes impositions sur
« leurs subjets ⁴. » Que les barons prélèvent leurs
droits féodaux, mais rien de plus, à moins qu'ils n'obtiennent permission du roi, ce qui s'accorde rarement,
comme le remarque Machiavel en traçant l'état de
la France sous Louis XII. Même pour toucher les
sommes que leur octroient les provinces à titre de
« don gratuit, » il faut que les feudataires se munissent de l'autorisation royale, et que les deniers votés
passent par les mains des receveurs de l'État. C'est
ce qui ressort clairement d'une lettre adressée par
Louis XI (en 1464) aux receveurs du Périgord : « S'il
« leur apparoit que les manans et habitans au conté
« de Pierregort et autres terres de haut et puissant
« seigneur, Alain de Lebret, seigneur de Rions, conte
« de Pierregort, aient donné audit conte la somme de
« deux mille livres, » il les autorise à répartir et à
percevoir cette contribution ⁵.

De même, en 1512, les nobles et les ecclésiastiques
du comté de Périgord et de la vicomté de Limoges
accordèrent à Jean, roi de Navarre, un subside de
241 000 livres (723 000 fr.) pour faire la guerre à

---

1. Isambert, t. IX, ord. d'Orléans, art. 41.
2. *Ibid.*, art. 43.
3. *Ibid.*, art. 44.
4. Isambert, t. XI, ord. de Blois, mars 1498, art. 189.
5. Arch. des B.-Pyr. E. 653 : *Lettres de Louis XI.* (Nouilles, près Arques, 20 juillet 1464.)

Ferdinand le Catholique. Une double autorisation de Louis XII fut nécessaire et la levée eut lieu également par l'entremise des *élus* des deux provinces. Ces précautions et ces méfiances de la royauté étaient d'autant mieux justifiées que le consentement des vassaux au « don gratuit » se trouvait parfois plus apparent que réel. L'assemblée limousine de 1513 ne comptait que quelques nobles et deux chanoines ; pas un bourgeois n'y parut. Aussi la vicomté de Limoges nia-t-elle avoir rien octroyé au roi de Navarre : d'où un procès qui se débattit à Bordeaux et à Paris entre les vassaux et leur seigneur. Celui-ci en fut réduit à implorer contre ses sujets le déploiement de l'autorité royale. Il fallut que François Ier ordonnât [1] la levée de ce subside *volontaire* que deux Limousins sur mille avaient voté. Preuve manifeste de la complète impuissance de la féodalité en ce qui concerne le droit d'imposer.

Mais, de toutes ses anciennes prérogatives, celle que la féodalité dut abandonner avec le plus de regret, ce fut le droit de guerre privée, auquel saint Louis avait porté le premier coup. Sous Philippe-le-Bel, de nombreuses ordonnances, particulières et générales, interdirent les querelles entre barons et « tous portements d'armes », bien qu'en fait ce roi n'ait pu obtenir la cessation complète des guerres privées que pendant la durée de ses propres guerres avec les Flamands et les Anglais [2]. A sa mort, une des réclama-

---

1. *Bulletin de la Société des Sciences, lettres et arts de Pau* (2e série, t. I, p. 41-43).
2. Boutaric, *La France sous Philippe le Bel*, p. 47-50.

tions les plus vives que les nobles coalisés adressèrent à Louis le Hutin porta sur le rétablissement du combat judiciaire et sur le droit pour tous les gentilshommes de « chevaucher, aller, venir, guerroyer et « forfaire les uns aux autres [1]. » On conçoit que la guerre de Cent ans et les troubles civils qui l'accompagnèrent aient rendu nul tout l'avantage conquis sur ce point par la royauté, et permis aux nobles de reprendre leur funeste habitude de se faire justice eux-mêmes. Aussi a-t-on remarqué avec raison[2] qu'en 1357 les députés de la bourgeoisie insistèrent énergiquement sur la nécessité pressante de réprimer les guerres seigneuriales.

Le règne réparateur de Charles VII leur donna enfin cette satisfaction bien légitime : le maintien de l'ordre public fut dès lors assuré par l'organisation d'une armée permanente, force régulière, bien disciplinée et vraiment royale, et par les dispositions sévères des ordonnances. Dorénavant il ne peut exister dans le royaume d'autres compagnies de gens de guerre que celles qui sont formées par le roi, reçoivent sa solde et obéissent à des capitaines de son choix[3]. « A nul conte ou autre seigneur n'est permis « faire assemblée de gens, outre son estat, sans auto- « rité et congié du roy[4]. » — « Défense est faite aux « seigneurs, barons et autres capitaines d'entretenir « gens d'armes dans leurs forteresses et châteaux, et « aussi dans les églises, forts et autres ou pays obéis-

---

1. Félix Rocquain, p. 139.
2. *Ibid.*, p. 141.
3. Isambert, t. IX, ord. d'Orléans, 2 nov. 1439.
4. Bibl. nat., coll. Doat, t. CCXXVI, f° 172.

« sant au roy [1]. » — « Aucun seigneur ne doit assaillir, « rançonner et prendre forteresse quelconque d'autruy « estant en l'obéissance du roy, sous peine de lèze « majesté [2]. » Il n'est permis qu'aux nobles, aux officiers du roi et aux soldats de son ordonnance de porter des armes [3]. D'importantes restrictions sont mises au droit de guet qui obligeait encore les manants à monter la garde dans le château seigneurial. Enfin on ne peut même, sans crime, « faire amas ou provision « de vivres pour bailler à aucuns gens de guerre, sauf « pour le service du roy [4]. »

Il est certain que tous ces textes législatifs et beaucoup d'autres semblables de la seconde moitié du xve siècle, appliqués avec rigueur par les Parlements et les baillis, enlevèrent réellement à la féodalité, dès la fin du règne de Charles VII, l'indépendance militaire qui faisait sa force. Mais on montrerait aisément que la royauté ne réussit pas du premier coup à désarmer la noblesse. En fait, les ordonnances se trouvèrent violées, sous Louis XI et sous Charles VIII, par les différentes ligues aristocratiques que ces rois eurent tant de peine à dissoudre. On a vu, par l'exemple d'Alain, qu'aux époques de grands troubles, les nobles chargés du commandement des compagnies royales n'hésitaient pas à trahir le serment militaire en les faisant marcher contre le roi. Alors, la royauté renouvelait, mais en vain, les ordonnances répressives des

---

1. Isambert, t. IX, ordonnance d'Orléans, art. 30.
2. *Ibid.*, art. 33.
3. *Ibid.*, t. XI, ordonnance de Ste Catherine du mont de Rouen, 25 nov. 1487.
4. Voir plus bas, p. 190.

« voies de fait, port d'armes et assemblées illicites ». En 1470, Louis XI, craignant qu'on ne se remue dans le Midi, défend « que personne de quelque estat et « auctorité qu'il soit, et spécialement ses cousins les « comtes de Foix, d'Armagnac, de Nemours, le sei- « gneur de Lebret et le comté d'Astarac, qu'ils ne « soient si hardis de mectre sus, ne entretenir gens « d'armes sans avoir sur ce exprès commandement » de lui ou de ses lieutenants [1]. Charles VIII, menacé par la Guerre Folle (1487), défend, avec aussi peu de succès, « que nulle noble personne ne autre ne face « assemblée ou congrégations de gens ou mauvais « garçons, vive ou pille le pays [2] ». Que devient le respect des ordonnances, lorsque deux ou trois cents feudataires s'arment contre le suzerain ?

En dehors même de ces crises redoutables, par les temps de paix intérieure, les guerres privées continuent dans certaines régions, malgré toutes les prohibitions et longtemps après la mort de Charles VII. En 1476, lorsque Louis XI envoie une armée à Bayonne sous le commandement du sire d'Albret pour attaquer le roi de Castille dans les provinces basques, les gens du roi trouvent le Labourd troublé et ensanglanté par la querelle séculaire des familles de Luxe et de Grammont. Un héraut royal est chargé d'adresser au seigneur de Luxe, un ordre ainsi conçu : « Monseigneur « de Luxe, je vous signifie de par le Roy et monsei- « gneur d'Albret, son lieutenant général en l'armée de

---

[1]. Bibl. nat., coll. Legrand, t. XI, f° 48, et Vaissète, V, p. 39.
[2]. Isambert, t. XI, ord. de Ste Catherine du mont de Rouen, 15 nov. 1487.

« par deçà, que monsieur de Grammont est serviteur
« du roy et vient, luy et ses gens, au service dudit
« seigneur en ceste présente guerre et, pour ce, je vous
« déffens, de par le Roy et mondit seigneur de Le-
« bret, que, descy en avant, n'ayez à faire guerre à sa
« personne, ses terres, subgetz, alliés et adhérans du-
« rant ceste dicte présente guerre, et, par espécial, en
« la terre et paroisses d'Oxos, la maison de champs,
« terre et pays de Baygor, avec toutes les autres terres,
« subjetz, alliés et adhérans, depuis la seigneurie de
« Grammont jusques par deçà la montaigne de Ronce-
« vaux et le lignage du Rutye. Et ce, sur peine de
« confiscation de corps et de biens et d'estre repputez
« rebelles et désobéissans au roy. Et cedit comman-
« dement je feiz à vous et à tous vos subgetz, alliés
« et adhérans, sur la peine dessusdicte. Et vous not-
« tifie que vous ayez à faire les semblables déffences
« à tous vos subgetz, alliés et adhérans sur peyne de
« s'en prandre sur vous. »

Une défense analogue fut signifiée au seigneur de Grammont, et la *vendetta* cessa momentanément entre les deux familles, mais pour recommencer avec plus d'acharnement sitôt que l'armée de Louis XI eut repassé l'Adour [1]. Le roi était trop loin et l'exemple de la Navarre, ravagée depuis des siècles par les *bandos* des Agramontais et des Beaumontais, trop contagieux.

Les mœurs conservaient encore sous Louis XII un tel caractère de brutalité qu'on voyait, en pleine cour,

---

1. Arch. des B.-Pyr. E. 76.

les seigneurs de Nemours et de Rohan se battre à coups de pieds, comme des valets [1]. Les Nemours gardaient une rancune implacable à Pierre de Rohan et à tous ceux qu'ils accusaient d'avoir bénéficié de l'exécution du duc Jacques, la malheureuse victime de Louis XI. L'amiral de Graville était du nombre : aussi la haine de la famille de Nemours obtint-elle, en 1509, que l'amiral fût mis en jugement. Alors eut lieu, presque sous les yeux du roi, à peu de distance de Paris et de la cour, une véritable guerre privée. Les partisans de Graville se jetèrent à Etampes sur les gens du duc de Nemours et les emmenèrent prisonniers au bois Malesherbes : « En quoy il y a eu quelque meurctre « des gens de monsieur de Nemours, dont le roy est « fort desplaizant [2]. »

Ce qui dut mécontenter bien davantage Louis XII et, avant lui, Charles VIII, c'était l'interminable querelle féodale des deux branches de la maison de Foix; guerre de succession sanglante et acharnée, qui troubla profondément tout le Midi pendant trente ans (1483-1512). Cette formidable guerre privée, dont les ravages s'étendirent sur le comté de Foix, les sénéchaussées d'Albi et de Toulouse, les comtés d'Armagnac et de Bigorre, fut le dernier mais le plus éclatant défi jeté à la royauté et à ses ordonnances par la féodalité expirante. La maison d'Albret joua, dans cette longue lutte, un rôle considérable qu'il serait intéressant de mettre en lumière, si les limites restreintes

---

[1]. Arch. des B.-Pyr. E. 94 : Lettre de l'élu de Dreux au sire d'Albret (1509).
[2]. *Ibid.*

de cette étude ne s'y opposaient. Bornons-nous à constater ici, qu'en dépit des édits généraux et des prohibitions particulières et répétées du pouvoir central, les seigneurs du Languedoc, sous prétexte de prendre parti pour les Narbonnais ou les Navarrais, purent satisfaire tout à leur aise, durant deux règnes entiers, ces instincts de pillage et de dévastation que la justice royale avait refrénés partout ailleurs.

La royauté fut constamment impuissante à ramener la guerre du Languedoc aux proportions d'un simple procès. En 1484, deux commissaires spéciaux, les seigneurs de Clermont et de Labarde, sont chargés de lever, au nom du roi, le ban et l'arrière-ban des sénéchaussées de cette région pour défendre le peuple contre les violences des deux partis [1]. Le vicomte de Narbonne traite avec eux, leur promet de ne pas ravager le Toulousain, mais ne tient nullement parole. Malgré l'appui des gens du roi et de la noblesse restée obéissante, Labarde se reconnaît incapable de forcer les Narbonnais à « vuider le pays ». De nouveaux commissaires royaux apparaissent, le cardinal de Foix et l'évêque d'Alby, qui ne réussissent pas davantage à imposer le respect de l'autorité souveraine. Un accord se conclut cependant, en décembre 1484, mais il faut, concession peu honorable, que la ville de Toulouse donne six mille livres aux Narbonnais pour obtenir leur retraite. Cette trève dure à peine un an et les hostilités recommencent, plus vives encore, en 1486. La princesse de Viane et

---

1. Dom Vaissète, V, p. 70 et 199.

le sire d'Albret n'obéissent pas mieux à Charles VIII que leur adversaire, le vicomte de Narbonne. Si ce dernier, au mépris des protestations du Parlement de Toulouse, s'empare de Pamiers et de Mazères, les troupes de Navarre et d'Albret, commandées par Roger de Foix et Pierre Buffière, prennent Cintegabelle, Auterive, St-Sulpice, et ravagent chaque jour le domaine royal que cherche vainement à défendre le sénéchal de Toulouse. Enfin, en 1486, le gouvernement de Charles VIII envoie, pour pacifier le Midi, le conseiller Roger de Grammont accompagné du roi d'armes Berri. « Il faut, dit la lettre royale dont il est porteur, « que Navarrais et Narbonnais oublient leurs inimitiés, « cessent les pilleries et les meurtres qu'ils commet- « tent sur le pauvre peuple et portent leurs différends « devant le grand conseil qui en sera juge [1]. »

Qu'on nous permette d'insister sur cette intervention de l'autorité royale dans la guerre du Languedoc; les détails qui vont suivre peignent à merveille l'état moral et matériel d'une société engagée encore à moitié dans les liens féodaux et obligée, cependant, de reconnaître la supériorité du principe monarchique qui domine tout. Roger de Grammont arrive à Toulouse, délibère un instant avec les officiers du roi, puis se transporte à Auterive, qu'occupent Roger de Foix, Pierre Buffière et les gens d'armes de la princesse de Viane et du sire d'Albret. Il leur intime, de par le roi, l'ordre d'évacuer ce bourg, qui est terre royale. Pierre Buffière répond « que ce ne sont pas les Navarrais, mais

---

1. Bibl. nat., coll. Doat, t. CCXXV, f° 24. Lettres de Charles VIII (Beauvais, 16 septembre 1486).

les Narbonnais qui ont violé la trève de 1484, et que, si ses soldats ont pillé, c'est la faute des officiers de Toulouse qui auraient dû leur envoyer des vivres. D'ailleurs, ajoute-t-il, loin d'avoir troublé l'ordre, nous avons donné des lettres de sauvegarde à tous les marchands. — C'est en quoi vous avez eu tort, dit Grammont, car le roi seul a le droit de sauvegarde. Les officiers de Toulouse ont fait leur devoir en refusant de nourrir vos gens, parce qu'il n'est permis à « aucuns officiers ne à autres du royaume faire amas « de vivres pour bailler à aucunes gens de guerre, » sauf pour le service du roi. Enfin, c'est le roi qui prend en main le différend de Foix : il ne veut de pillerie ni d'un côté ni de l'autre et exige que vous quittiez Auterive sur le champ. »

Les deux capitaines demandent un délai pour en référer à la princesse de Viane, mais le commissaire refuse nettement. Roger de Foix intervient alors avec violence dans le débat ; déclare qu'il n'évacuera Auterive que si madame de Narbonne et ses gens abandonnent tout le comté de Foix ; qu'il est décidé à « la jeter hors de Mazères », où elle s'est réfugiée, et à la contraindre de chercher asile à Toulouse ; et qu'après tout Auterive n'appartient pas au roi, mais à la princesse de Viane, qui, sur les 24 parts féodales de cette châtellenie, en possède 17. — « Qu'importe? reprend vivement le commissaire, Auterive n'en est pas moins terre royale et relevant de la justice du roi. Si la princesse de Viane et le seigneur de Montaut ont une part de cette châtellenie, il ne s'ensuit pas que l'autorité supérieure du roi y soit « supprimée et confuse. » La part du roi doit « seigneurier et surmonter » les parts de ses sujets et de ses inférieurs. Là où il est seigneur direct, en *pariage* avec son vassal, « il « doit dominer du tout, tellement que le lieu se peut « et doit dire être et appartenir à lui, et la partie su- « jette ayant pariage ne peut y faire aucune invasion « sans permission du roi. »

Cette affirmation, si ferme et si précise, du droit royal ne touche que médiocrement les deux chefs de guerre ; de nouvelles entrevues avec le commissaire n'amènent aucun résultat : les Navarrais refusent de quitter Auterive, malgré les sommations de Berri, le roi d'armes. Non content de dédaigner « l'exploit » de ce représentant officiel de la royauté, Pierre Buffière menace même de « l'appréhender au corps », tout inviolable qu'il est, sous prétexte que la commission royale du sire de Grammont est contre-signée par un secrétaire inconnu. Voyant qu'on ne peut rien obtenir des partisans du sire d'Albret, le commissaire commence ses démarches auprès de l'autre parti. Il entre à Mazères, où commandait, en l'absence de son mari, la vicomtesse de Narbonne, Marie d'Orléans, assistée de l'écuyer de Bolbonne, un des principaux chefs de la bande Narbonnaise. La vicomtesse proteste de son obéissance au roi, rejette sur les Navarrais la responsabilité de la guerre, et se déclare prête à évacuer Mazères. L'écuyer de Bolbonne assure aussi le commissaire royal de sa soumission et ajoute : « qu'entre autres vilaines paroles, leurs ennemis ont « annoncé qu'ils couperaient la gorge à madame de « Narbonne et à sa fille. »

Plus satisfait de ce côté, Roger de Grammont procède à une enquête rigoureuse sur les actes de violence dont les deux partis peuvent s'être rendus coupables. On accusait les Narbonnais d'avoir pillé toute la campagne avoisinante, emprisonné la femme et la fille du juge de Pamiers, forcé la première à un avortement et fait violence à la seconde. Les consuls de Mazères, appelés en témoignage, certifient au commissaire que les Narbonnais n'ont rien pillé. Les deux femmes, tirées de prison, affirment qu'elles n'ont subi aucun mauvais traitement. Il se confirme, au contraire, qu'un Périgourdin, vieillard inoffensif, âgé de 60 ans, a été transpercé d'un coup de lance par les gens du capitaine Roger. L'enquête terminée, madame de Narbonne, sur l'ordre du commissaire, enjoint à « ses lacays et hommes d'armes » d'évacuer Mazères, pour se conformer à la volonté royale. Mais la soldatesque répugne vivement à l'idée de ne plus guerroyer : qu'importent à ces routiers pillards l'obéissance due au roi et la nécessité de la paix publique? Ils murmurent, se mutinent, menacent l'écuyer de Bolbonne et se résignent cependant à quitter Mazères « blasfemant le nom de Dieu et disant que, puisque « on les envoyait hors ledit lieu de Mazères, ils s'en « iraient à Pamiers servir dans l'autre armée ». Roger de Grammont, après avoir rendu justice à la bonne volonté de la vicomtesse, répond aux inquiétudes qu'elle exprime, en lui promettant que le roi veillera désormais sur elle et l'aidera contre ses ennemis. Protection bien inefficace : car, si le commissaire avait réussi à désarmer momentanément les chefs du parti narbonnais, il quittait Toulouse et terminait sa mission, sans avoir pu modifier en rien les dispositions belliqueuses de l'autre bande [1]. Anne de Beaujeu et Charles VIII, menacés, en 1487, par une vaste coalition féodale, firent face au danger le plus pressant et perdirent de vue les affaires du Midi. Aussi la guerre privée recommence-t-elle avec fureur; un instant interrompue, en 1497, par un compromis que les deux adversaires, fatigués de la lutte, soumirent à la sanction royale, elle reprend son cours sous Louis XII, à l'époque même où se consolidait l'absolutisme monarchique. Elle dure aussi longtemps que le règne du Père du peuple, période de paix et de prospérité intérieures pour tout le reste de la France, et ne se termine qu'en 1512, non par l'effet de la volonté souveraine, mais par la mort du jeune Gaston de Foix, le chef de la maison de Narbonne, le glorieux vainqueur de Ravenne.

Ainsi, la dernière guerre privée désolait encore le Midi quatre ans avant que le brillant despotisme de François Ier ne vînt attester la chute définitive du régime féodal. Mais cette longue désobéissance de la féodalité Languedocienne est un fait isolé, exceptionnel, qui ne met que mieux en lumière la soumission complète des autres parties du royaume. Si les rares feudataires qui subsistent encore, comme Alain, avec un domaine étendu et une ombre d'indépendance, ont pu conserver, nous venons de le montrer, quelques débris de leurs anciennes prérogatives; si, dé-

---

[1]. Bibl. nat., coll. Doat, t. CCXXV, f° 24. Procès-verbal du commissaire Roger de Grammont. (21 sept., 16 oct. 1486.)

chus de leur situation politique, ils ont réussi à se maintenir en possession de certains droits pécuniaires que veut bien leur laisser la royauté, il n'en est pas moins vrai qu'en somme, après les règnes de Charles VII et de Louis XI, l'autorité royale se trouve substituée, partout et en tout, aux pouvoirs seigneuriaux.

Aussi les fonctionnaires, destructeurs infatigables des droits féodaux, sont-ils détestés de la noblesse, qui cherche à éviter jusqu'au contact de cette race hostile et envahissante. Malheur à celui qui ne peut écarter de son fief le légiste malfaisant, en quête de biens nobles! Nul accident plus redouté que d'avoir pour vassal ou pour voisin un suppôt du Parlement. En 1509, la terre de Sorel, une des plus belles propriétés féodales du comté de Dreux, se trouve mise en vente et menace de tomber entre les mains de deux riches procureurs parisiens, Charlot et Collonneau. Mais les hommes d'affaires du sire d'Albret l'engagent à faire intervenir son autorité de comte de Dreux et de suzerain pour *retirer* ce fief à lui et le livrer plutôt à un grand seigneur, le comte de Laval, qui se porte aussi comme acquéreur : « Vous ne devez pas
« vouloir, lui écrit-on, qu'il tombe ès mains d'un pari-
« sien, conseiller, président secrétaire ou autre... Car
« il y a des présidents et conseillers de ceste cour qui
« tâchent de l'avoir, et, s'ils l'ont, *ils vous feront perdre*
« *beaucoup des droitz de vostre conté...* Le plaisir que
« en ce pourres faire à monsieur de Laval pourra, par
« laps de temps, être tiré à autre et plus grande consé-
« quence. Et vous sera plus grant honneur et prouffit

« pour le pays que vous ayez mondit sieur de Laval,
« que les dits Charlot et Collonneau, qui ne cessèrent,
« puis qu'ils sont en la terre, de harceler, heurter et
« plaidoyer, à toutes heurtès, contre les povres gens
« du pays. Et en ont voulu au plus grant de desrobber
« le leur, qui n'y eut résisté [1] ».

Telle était, dans le monde féodal, la déplorable réputation des gens de loi ! Alain se prêta d'autant plus volontiers à cette combinaison, qu'il s'efforçait lui-même, par tous les moyens, d'éloigner de son comté de Dreux les représentants du pouvoir central. Ne dispute-t-il pas à la royauté le droit de nomination aux deux offices de *grènetier* et de *contrôleur de la guerre*? Prétention toujours repoussée, mais que le sire d'Albret, usant de subterfuge, sait cependant faire triompher. Quand le roi a nommé un titulaire, il le paye pour lui faire abandonner son droit, et, l'office devenu libre, en investit qui bon lui semble. En 1495, un employé de l'échansonnerie royale obtient de Charles VIII l'office de grènetier de Dreux. Alain le désintéresse par un don de cent écus. Un « contrerol-« leur des chevaucheurs de l'escurie du roy » est nommé à son tour contrôleur de la guerre au même comté. Cinquante écus le décident à laisser son office à la disposition du seigneur [2]. Moyen commode, pour les barons, d'épargner à leur fief la dangereuse présence des gens du roi ; abus fâcheux au point de vue

---

1. Arch. des B.-Pyr. E. 104 et 105 : *Lettre de Guy de Laval* (Paris, 25 mars) *et du gruyer de Dreux, Jehan Gobert* (Paris, 24 mars) *au sire d'Albret*.
2. Rahlenbeck, *Philippe de Commines dans ses rapports avec la maison d'Albret*, p. 28, Lettre d'Alain, du 23 février 1495.

monarchique, mais probablement assez rare, vu l'extrême sévérité que déployaient les Parlements contre tous ceux qui empiétaient sur les droits du souverain.

CHAPITRE VI

LE DOMAINE ROYAL ET LE DOMAINE D'ALBRET.

Les fonctionnaires et le domaine royal. — Théorie des légistes. — Pertes subies par le domaine d'Albret, sous la seigneurie d'Alain. — Histoire d'une acquisition royale : le procès relatif au comté de Castres (1473-1519), Boffile de Juge et Alain d'Albret. — Le procès d'Armagnac : Alain et le duc d'Alençon. — Le sire d'Albret joué par Louise de Savoie et François Ier. — Perte définitive de la Navarre espagnole. — La maison d'Albret sous les successeurs d'Alain. — Réunion de la Navarre et de l'Albret à la couronne.

Si le fonctionnaire est redouté comme un fléau dans les terres seigneuriales, c'est qu'avec lui, on ne l'ignore pas, il y va non-seulement de la diminution des droits féodaux, mais de la perte totale du fief, qu'un procès « en revendication du domaine » peut enlever d'un jour à l'autre à son possesseur. Le grand seigneur, qui dispute vainement aux gens du roi les derniers débris de son autorité judiciaire, financière et politique, doit encore défendre, contre l'avidité du fisc royal, les titres de propriété sur lesquels est fondée l'existence de sa maison. Non contente de le courber sous le joug que la royauté impose à tous, l'administration essaie de le dépouiller de son patrimoine, sous prétexte de rendre à l'État ce que les usurpations féodales lui arrachèrent au moyen-âge.

On sait quels furent, au point de vue des acquisitions territoriales, les résultats du règne de Louis XI, et combien de riches provinces le despote rusé de Plessis-les-Tours sut ajouter à l'héritage de Charles VII. Mais, à côté de l'histoire politique qui montre le monarque préparant de longue main ces réunions et parvenant, après mille vicissitudes, à les réaliser, il faudrait que l'historien fît une place au récit des efforts tentés, sur tous les points du royaume, par les officiers de justice et de finance, pour contribuer suivant leurs moyens d'action, à l'agrandissement du domaine et aux progrès matériels de la royauté. Que les rois, faibles ou énergiques, incapables ou habiles, travaillent ou non à réduire le terrain féodal, leurs fonctionnaires s'agitent partout au-dessous d'eux pour spolier la noblesse, et la grande œuvre de l'unité territoriale de la France s'accomplit lentement, mais sûrement, sans être un seul instant interrompue. La théorie de ces conquêtes presque quotidiennes est exposée avec un soin tout particulier par les jurisconsultes qui, comme René Chopin, se sont faits les défenseurs dévoués de la cause monarchique. « Le prince, disent-ils, est comme l'Océan ; tout vient de lui et tout doit retourner à lui [1]. Trois sources principales alimentent le domaine royal : l'*acquisition*, la *succession*, la *confiscation* [2]. Tout fief venu à la royauté par une de ces trois voies, et dont les revenus ont été perçus pen-

1. *De domanio Franciæ*, p. 27.
2. *Ibid.*, p. 15.

dant dix ans avec ceux du domaine royal, fait partie du domaine et n'en peut être séparé [1]. Faute d'héritiers mâles, la terre seigneuriale qu'un don du prince a jadis aliénée, et celle qu'une ordonnance élève à un rang supérieur dans l'échelle féodale, reviennent forcément à la couronne. De sa nature, le domaine royal est absolument inaliénable, et personne au monde n'a le droit d'en vendre ou d'en donner seulement une parcelle, même à titre d'usufruit [2]. »

Ces règles absolues de leur jurisprudence, déjà approuvées par l'opinion au xve siècle, furent sans doute adoucies dans la pratique par la tolérance des rois. Elles ne seront même inscrites dans la loi, d'une façon formelle et définitive, que par les grandes ordonnances de la fin du xvie siècle, notamment par l'édit de Moulins. Mais la justice royale n'attendit pas cette époque pour en réclamer ardemment l'observation constante et rigoureuse. Avec quel empressement les magistrats contemporains du sire d'Albret exerçaient surtout ce terrible droit de confiscation dont la loi féodale armait le suzerain, quand le vassal se montrait hostile ou seulement faisait attendre de quelques jours l'hommage de ses fiefs! Les parlements multipliaient à tel point les arrêts de main mise, que le roi était souvent obligé de modérer cette excessive sévérité.

Alain lui-même en fut plusieurs fois la victime. A

---

1. *De domanio Franciæ*, p. 48, 49, 53. Cf. l'édit de Moulins, 1556, 65, 13 : *De domanio*.
2. *De dom. Fr.*, p. 15. Ord. de Charles VI (28 fév. 1401). « Res dominica ne privatis manciparetur, donaretur, vel ususfructus quidem nomine, nedum proprietatis. »

peine a-t-il fermé les yeux de son aïeul Charles II, que le comté de Dreux est saisi par le bailli de Chartres [1], le comté de Périgord, la vicomté de Limoges et les terres de Gascogne, par les sénéchaux du duc de Guyenne [2]. En 1486, au premier bruit de la coalition féodale que devait terminer la Guerre folle, le parlement de Toulouse met la main sur les terres d'Albret. Disgracié sous Louis XII, en 1506, Alain se voit de nouveau dépouillé de tous ses États. Il est vrai que, l'hommage une fois rendu ou la réconciliation opérée, le roi, par une lettre de *main levée*, restituait au vassal ses propriétés et ses revenus [3]. Mais le dommage éprouvé pendant la saisie était souvent considérable et, parfois même, les officiers de finance, gens tenaces et n'aimant guère à lâcher leur proie, continuaient, malgré l'ordre du roi, à détenir les fruits du fief mis en séquestre. En 1496, six ans après la rentrée en grâce du sire d'Albret auprès de Charles VIII, ce dernier était obligé de rappeler aux sénéchaux du Midi qu'Alain avait obtenu main-levée pour tous ses domaines. « Néanmoins, ajoute-t-il, plusieurs de nos « receveurs généraux et autres, qui pour nous étaient « commis au gouvernement du revenu d'icelles terres, « détiennent plusieurs sommes de deniers et autres « choses, sans l'avoir depuis restitué à notre cousin. » Ordre leur est donné de rendre au feudataire, « le compte et reliqua de leur administration [4]. »

1. Arch. des B.-Pyr. E. 74.
2. *Ibid.* E. 84 *bis.*
3. *Ibid.* E. 74 : Lettre de Louis XI, qui ordonne la main levée du comté de Dreux. (Pouencé, 21 juillet 1472.) E. 84 *bis.* Lettre de Charles, duc de Guyenne; même objet.
4. Coll. Doat, t. CCXXVII.

Ces résistances obstinées des fonctionnaires, quand il s'agit d'accroître ou de conserver le domaine royal, sont des faits quotidiens et presque normaux, comme le prouverait l'examen, même le plus superficiel, des rapports de la royauté avec les cours souveraines des divers parlements. Le prince ne peut faire de don à un seigneur sans qu'aussitôt ne surgisse l'*opposition*, formelle ou secrète, du procureur du roi chargé de défendre, contre le roi lui-même, le principe sacré de l'inaliénabilité du domaine [1]. Sans doute, ces oppositions judiciaires n'étaient pas toujours désagréables au gouvernement et servaient même quelquefois ses intérêts. Mais en général elles se produisaient librement, indépendamment de toute considération politique et, souvent même, contre les intentions expresses du monarque. C'est ainsi qu'en 1462, lorsque Louis XI voulut faire présent du comté de Comminges à Odet d'Aydie, la Chambre des comptes refusa formellement d'enregistrer les lettres patentes, sous prétexte que le comté de Comminges était, depuis un don fait à Charles VII, inséparable de la couronne. Le roi dut envoyer aux gens des comptes une lettre de jussion terminée par la formule : « Et gardez que ce n'aie faute, car tel est nostre plaisir ; » mais, par surcroît de précautions, il ajouta ces mots écrits de sa main : « Sy

---

[1]. Sur ce point les exemples abondent ; il suffit d'en citer quelques-uns entre mille : l'opposition du procureur-général à la confirmation faite par Louis XI, en 1465, d'une lettre de Charles VII qui donnait le comté d'Étampes au duc de Bretagne (Isambert, X, n° 95) ; celle du Parlement, en 1465, quand il est question d'ériger le duché de Normandie en apanage indépendant pour le frère du roi ; celle de la Chambre des comptes, en 1469, contre l'ordonnance qui cède le duché de Guyenne au même Charles de Berri, etc.

vous mandons que en ce n'y aie point de faulte, sans plus vous en escripre. Escript de nostre main. Signé Loys [1]. »

Combien de fois les cours souveraines de justice et de finance ne furent-elles pas obligées de lutter, pour la même cause, contre un pouvoir sinon oublieux de ses propres intérêts, du moins prompt à céder à des nécessités étrangères ou aux sollicitations d'une noblesse avide ? En contradiction avec eux-mêmes, les rois multipliaient d'autant plus les ordonnances sur la défense d'aliéner le domaine, qu'ils les violaient plus souvent. Au début de chaque règne paraît régulièrement la lettre royale qui « révoque et annule » les aliénations faites sous le monarque précédent [2]. Mais cette mesure est si peu exécutée que de nouvelles prohibitions sont nécessaires. Par l'ordonnance de Bourges, de 1438, Charles VII annule les donations et les aliénations dont il est lui-même l'auteur [3]. Bien plus, en 1447, il ordonne à ses agents de n'avoir aucun égard aux dons qu'il ferait de son domaine, ou de les réduire au moins à la moitié [4]. Louis XII renouvelle cet aveu singulier et réduit aussi de moitié les dons « que lui a arrachés, dit-il, l'importunité des requérants [5]. »

1. Isambert, t. X, n° 39.
2. *Ibid.*, t. X, n° 5 (Paris, 9 sept. 1461). Lettre de Louis XI révoquant et annulant les aliénations du domaine de la couronne. *Ibid.*, XI, n° 4. Lettres semblables de Charles VIII (Amboise, 22 septembre 1483).
3. *Ibid.*, t. IX, n° 121. Lettres de Charles VII, Bourges, 15 décembre 1438.
4. *Ibid.*, n° 185. Article 8 de l'ordonnance de Bourges sur le fait des finances (26 nov. 1447).
5. Isambert, t. XI, n° 205. Lettre de Louis XII (Angers, 5 fév. 1498).

Ainsi, la royauté en vient à condamner elle-même sa propre faiblesse et à reconnaître que l'obstination des gens de sa justice à sauvegarder les droits du domaine est véritablement une cause de salut pour la monarchie ! C'est qu'en effet le despotisme royal a beau rendre momentanément inutile l'opposition des magistrats ; elle n'en subsiste pas moins, inscrite sur les registres du parlement, et, quand un changement de règne ou d'autres éventualités politiques amènent une occasion propice, le procureur du roi renouvelle solennellement ses griefs, fait instruire le procès et prépare ainsi, contre la maison féodale privilégiée, le coup dont celle-ci se croyait à jamais préservée.

L'histoire de la famille d'Albret, au temps d'Alain, confirme exactement ces observations générales. Quelle est la seigneurie de ce feudataire sur laquelle ne se soit pas exercé l'esprit agressif des gens du roi ? L'antique patrimoine de la maison, la terre landaise elle-même, n'est pas à l'abri des attaques. La paroisse d'Oeyregave, donnée en commende par le grand-père d'Alain au vicomte d'Orthe, fut mise sous la main du roi, quand le vicomte perdit son fief ; elle n'a jamais été rendue. La seigneurie de Pontonx relève directement de la vicomté de Tartas ; mais le prévôt de Dax empêche le sire d'Albret d'être obéi dans cette localité et d'en percevoir les revenus. Les habitants de Tercis, de Mès, de Tosse, d'Irosse, de Mascarde doivent foi et hommage au vicomte de Tartas ; lien féodal que les officiers royaux se refusent pourtant à reconnaître [1].

---

1. Coll. Doat, t. CXXVI, f° 173. Lettre d'Alain, sire d'Albret.

Ce qui se passe dans les prévôtés de Dax et de Saint-Sever, au centre même de la puissance du sire d'Albret, se reproduit, à plus forte raison, sur tous les autres points de son domaine. S'il dispute à Jeanne de Nemours la propriété du château et de la terre de Sainte-Christine, en Armagnac, le sénéchal de Toulouse met les parties d'accord en constatant que cette localité est inaliénable et ne peut appartenir qu'au roi [1]. Saint-Sulpice en Albigeois fait partie des terres d'Albret depuis le règne de Charles VII ; cependant les droits d'Alain sont vivement contestés par le parlement de Toulouse, qui, profitant, en 1510, de la malveillance de Louis XII pour ce prince féodal, adjuge la ville au domaine [2]. Que valent les titres de propriété les plus authentiques auprès du principe absolu de l'inaliénabilité des terres royales ?

Les fiefs dus à la munificence d'un monarque, garantis par plusieurs lettres-patentes, sont précisément ceux-là même qui provoquent les plus constantes réclamations. S'il faut en croire les gens du roi, le comté de Dreux, donné à la maison d'Albret par les premiers Valois, n'a pas cessé d'appartenir à la couronne et ne reste entre les mains d'Alain que par l'effet d'une pure tolérance. Cependant il échappa toujours, tant que vécut notre feudataire, aux revendications du procureur domanial. Nous avons vu, au contraire, le comté de Gaure, après une lutte des plus vives entre le sire d'Albret et ses vassaux, tomber au pouvoir de la royauté ; dans ce débat, il est

---

[1]. Arch. des B.-Pyr. E. 284.
[2]. *Ibid.* E. 853.

vrai, le représentant du domaine ne paraît qu'au second plan : c'est le peuple qui joue le principal rôle. Mais si l'on veut savoir comment le pouvoir monarchique, réduit à ses seules forces, procédait, à cette époque, pour entamer les territoires féodaux, il faut examiner en détail les curieux incidents du procès qui enleva le comté de Castres à la maison d'Albret (1477-1519).

Le fief de Castres, entouré de tous côtés par les terres royales des sénéchaussées de Carcassonne et de Rouergue, peu éloigné de la frontière espagnole du Roussillon, devait être, à ce double titre, vivement convoité par les représentants de l'autorité souveraine. Il importait que cette possession seigneuriale vînt, avec ses deux châteaux forts de Roquecourbe et de Lombers, grossir le domaine Languedocien, au milieu duquel elle faisait tache. Aussi, lorsqu'au début du règne de Louis XI le propriétaire du comté de Castres, Jacques d'Armagnac, duc de Nemours, se joignit à la foule des seigneurs coalisés *pour le bien public*, les magistrats toulousains virent avec satisfaction s'approcher l'instant favorable à cette conquête tant désirée. Ils saisirent Castres, ainsi que les autres fiefs de Nemours, mais apprirent bientôt, à leur grand regret, que Louis XI pardonnait à son vassal et lui restituait tous ses biens, à condition qu'il resterait rigoureusement fidèle à la monarchie [1]. En cas de récidive, toutes ses seigneuries devaient être définitive-

---

1. Vaissète, *H. de Lang.*, V, p. 50 et 99. — De Fos, *Traité des comtes de Castres*, réunion de la comté de Castres. (Paris, 10 juin 1519.)

ment confisquées et réunies, pour toujours, à la couronne. Nemours signa lui-même, le 17 janvier 1469, cette transaction singulière, puis se rejeta étourdiment dans les intrigues féodales. On sait que le malheureux duc, convaincu encore du crime de rébellion et de lèse-majesté, sentit cette fois les terribles effets du courroux de Louis XI. Le gendre du roi, Pierre de Beaujeu, reçut, le 10 janvier 1475, l'ordre de s'emparer de la personne et des biens de Jacques d'Armagnac, qui fut arrêté et emprisonné [1].

Pendant que son procès s'instruisait à Paris, les gens du roi prenaient possession de ses terres, et le comté de Castres, entre autres, était de nouveau saisi par le gouverneur de l'Armagnac, Montlezun, et par maître Jean Taquanet, « élu sur le fait des aydes » [2]. Ces commissaires déclarent solennellement, sur la grande place de Castres, le 1er mars 1475, que le comté devient à tout jamais terre royale, nomment, au nom du roi, les officiers chargés de l'administrer et reçoivent, au même titre, les hommages des tenanciers [3]. La condamnation et l'exécution du duc de Nemours, en 1477, semblaient devoir confirmer irrévocablement cette réunion et rassurer les agents du Domaine. Mais il fallut compter avec le caprice despotique d'un monarque qui, nous l'avons vu, abandonnait parfois les intérêts généraux de la royauté pour satisfaire aux besoins du moment. Louis XI

---

1. Vaissète, *H. de Lang.*, V, p. 50 et 99, etc. Arch. des B.-Pyr. E. 144. (Lettre de Louis XI.)
2. E. 144 : *Double de la lettre de Pierre de Bourbon, sire de Beaujeu.*
3. *Ibid. Prise de possession du comté par lesdits commissaires.*

enleva le comté de Castres au domaine et le donna
« à son amé et féal conseiller et chambellan », Boffile
de Juge [1].

Ce capitaine Italien, aventurier intelligent et énergique, était assurément digne de la munificence royale. Il avait quitté patrie et famille pour entrer au service de Louis XI, qui l'employait à la fois dans ses guerres et dans ses ambassades [2]. Plus que tout autre, il avait contribué à l'importante conquête du Roussillon, dont il fut nommé gouverneur en 1475. Par sa conduite prudente et mesurée, il réussit à faire prévaloir dans ce pays l'amour de la nationalité française, car il empêcha Louis XI d'exproprier en masse la population de Perpignan [3]. Désireux de récompenser ses services, le roi ajoutait à ses titres de « lieutenant et « vigeroy au pays et conté de Roussillon et de Sar-« daigne (Cerdagne) » celui de comte de Castres et de seigneur de Lézignan, ce qui lui donnait, avec un revenu assuré, une place honorable parmi les hauts barons du Midi. Malheureusement, les circonstances qui amenèrent cette libéralité lui donnaient un caractère odieux. Boffile avait fait partie de la commission qui jugea et condamna « le pauvre Jacques ». Il avait même obtenu du roi la garde du fils aîné de la victime, mais ce fut pour le renfermer au château de

---

1. Vaissète, *ibid.* Arch. des B.-Pyr. E. 144 : Lettre de Louis XI (Thérouenne, août 1477).
2. Bibl. nat., coll. Legrand, t. XXVI, f° 385 : En 1478, Boffile est au nombre des arbitres désignés pour régler le différend avec Maximilien d'Autriche ; il est chargé ensuite d'une mission en Angleterre, etc.
3. Henry, *Histoire de Roussillon*, II, p. 138, 148, 170.

Perpignan, où l'enfant, mal soigné et à peu près oublié, mourut de la peste.

L'indignation fut vive au Parlement de Toulouse et d'autant mieux justifiée que Louis XI, non content de se donner un éclatant démenti en violant la transaction de 1469, abandonnait à cet étranger la propriété *héréditaire* du comté de Castres. Aussi, le procureur général déclara-t-il immédiatement s'opposer à la donation [1]. Boffile, confiant dans la volonté du maître, commença par faire hommage au roi pour son fief, puis s'adressa au gouverneur du Languedoc, qui devait, aux termes de la lettre royale, le mettre en possession du comté. Ce fut l'évêque d'Alby, Louis d'Amboise, lieutenant général du gouverneur, qui procéda, le 31 octobre 1477, à l'installation du nouveau feudataire. Une première cérémonie eut lieu à l'entrée du comté où, en présence des nobles, officiers, consuls et gens d'église de Castres, l'évêque donna lecture du mandement royal, mit Boffile « en la réelle, naturelle et corporelle possession » de sa seigneurie, et commanda aux assistants de le recevoir « comme leur vray seigneur et conte ».

Accueilli ensuite dans la ville de Castres avec les solennités accoutumées, le comte se fit prêter serment par les habitants, reçut les hommages des nobles, prit les clefs des châteaux de Roquecourbe et de Lombers, enfin nomma tous les officiers : juge, sénéchal, procureur, receveur, greffiers, sergents et capitaines des places [2].

1. Vaissète, loc. cit.
2. Arch. des B.-Pyr. E. 144 : *Escriptures et protestations que feist le*

Mais l'accomplissement rigoureux de toutes les formalités d'usage ne légitimait pas, aux yeux des parlementaires toulousains, ce qu'ils considéraient comme une véritable usurpation. Lorsque Boffile leur présenta la lettre de Louis XI pour la faire vérifier, ils refusèrent l'enregistrement immédiat, en alléguant le caractère inaliénable du comté. L'Italien, après plusieurs sommations inutiles, comprit que la justice royale ne manquerait jamais d'arguments spécieux pour multiplier les délais, et dénonça ces résistances au monarque qui ordonna expressément la vérification. Le Parlement attendit que des lettres de jussion réitérées l'eussent mis en demeure d'obéir : alors, déclarant céder « à une force et contrainte extraordinaire, » il enregistra la lettre de don. Mais, tout en paraissant s'exécuter, il avait pris ses précautions et réservé l'avenir. Quatre jours avant la vérification, la cour recevait secrètement la protestation du procureur général et l'inscrivait sur un registre particulier, avec une note où elle déclarait que les gens du roi pourraient poursuivre leur opposition quand ils le jugeraient à propos, quelque publication qui se fit par la suite au Parlement (24 mai 1478) [1]. Comme la cérémonie publique de l'enregistrement se passa sans que le procureur et les avocats du roi eussent ouvert la bouche [2], Boffile crut, avec tous les seigneurs du Midi,

---

sire d'Albret par devant maistre Loys Picot, conseiller et commissaire pour éxéquter ung arrest au proufit du procureur-général du Roy, touchant le comté de Castres.

1. Vaissète, p. 50. E. 144. *Escriptures et protestations*, etc. De Fos, arrêt de réunion du comté de Castres.
2. E. 144. *Escriptures*, etc., etc. « Tacentibus et obmutantibus. »

que son titre de comte était désormais à l'abri de toute contestation sérieuse.

C'est alors que le sire d'Albret, convaincu que l'amitié et l'alliance d'un homme aussi avancé dans la faveur royale servirait les intérêts de sa maison, voulut plaire à Louis XI en faisant entrer son protégé dans une des plus anciennes et des plus illustres familles de France. Le mariage de Boffile de Juge avec Marie d'Albret, sœur d'Alain, fut donc célébré, le 23 août 1480, au château de Nérac [1]. Soutenu par les maisons de Foix et d'Albret, maître des forces militaires qui défendaient le Roussillon contre l'Espagne, le comte de Castres pouvait regarder sa situation comme inébranlable et ne plus se soucier des difficultés qu'avait soulevées son intrusion dans les rangs de la féodalité Languedocienne.

Cependant, les gens du roi n'oubliaient rien. Si, par crainte de Louis XI, ils s'abstenaient de revendiquer publiquement le comté de Castres, ils laissaient volontiers le champ libre aux nombreuses compétitions dont ce fief était l'objet. Boffile s'aperçut bientôt qu'il était plus aisé de prendre possession d'une seigneurie que d'en jouir paisiblement. Dans la réaction qui suivit la mort de Louis XI (1483), la famille de Nemours demanda au nouveau règne la réhabilitation du malheureux Jacques d'Armagnac et la restitution de ses biens confisqués. Le Parlement de Paris reçut, entre autres plaintes, celle de Jean d'Armagnac, évêque de Castres, qui réclama la moitié du comté et qui, sans

---

1. Vaissète, V, 50. — E. 81.

attendre la décision de la justice, se jeta sur les terres de Boffile. Une lutte violente s'engage entre le comte et l'évêque (1485) [1]; elle se confond bientôt avec la grande guerre privée du Languedoc, car l'Italien soutient naturellement le sire d'Albret et la reine de Navarre contre la faction du vicomte de Narbonne. L'insuccès final de l'évêque ne décourage pas les compétiteurs. Louis de Guise, ses sœurs Marguerite et Charlotte, Louis de Bourbon, prince de La Roche-sur-Yon, le cardinal de Luxembourg, la comtesse du Maine, font aussi valoir devant le Parlement de Paris des prétentions particulières sur le comté de Castres [2]. Les inquiétudes de Boffile augmentent, lorsqu'en 1492 Charles VIII lui enlève la vice-royauté du Roussillon pour la donner à Gilbert de Montpensier [3]. Mais ces revers ne sont que le prélude des malheurs qui vont l'assaillir. Au moment même où la mort de son plus dangereux rival, l'évêque de Castres, lui permet enfin de respirer, un véritable drame domestique vient troubler pour toujours son repos.

En 1493, sa femme, Marie d'Albret, et sa fille, Louise de Juge, l'abandonnent; celle-ci, à peine âgée de quatorze ans, épouse un écuyer, Jean de Montferrand, que Boffile n'avait jamais voulu accepter comme gendre. Non contente de braver la colère paternelle, elle excite son mari à s'emparer des châteaux de Lombers et de Roquecourbe, les clefs du comté. Boffile, outré de cette désobéissance, furieux de voir

---

1. Vaissète, V, 50.
2. De Fos : Arrêt de réunion du comté de Castres.
3. Henry, *Histoire de Roussillon*, t. II, p. 179.

sa fille mariée à un « simple cadet » sans naissance et sans argent, invoque le secours de son beau-frère, le sire d'Albret, qui lui fournit de l'or et des troupes. Le pays de Castres est de nouveau le théâtre d'une guerre acharnée entre le comte, qui essaye de reprendre ses châteaux, et sa femme et sa fille, soutenues par les deux Montferrand. Les meubles, l'argenterie, les effets de Boffile sont livrés au pillage ; les nobles de la seigneurie prennent parti dans cette famille; en 1494, tout le comté est en feu [1].

Alors pour se venger, et probablement sur les conseils intéressés d'Alain d'Albret, le malheureux père se décide à deshériter sa fille. Par un acte solennel du 22 septembre 1494, il donne le comté de Castres et toutes ses dépendances à son beau-frère, le sire d'Albret, à cet ami constant et dévoué qui a dépensé, pour l'aider, plus de cent mille écus. Il se réserve seulement le titre de comte et l'usufruit du fief. A sa mort, l'ingrate et criminelle Louise de Juge ne touchera de sa succession que la somme de 6000 livres tournois, et le comté appartiendra pour toujours à Alain et à ses héritiers [2]. Malgré les vives protestations de Marie d'Albret et de sa fille, en dépit des clameurs réunies de tous les autres prétendants, cette donation entre-vifs devint un fait accompli en 1497, lorsque mourut Boffile, miné par le chagrin. Alain se transporte en toute hâte dans la cité de Castres, fait, entre les mains du notaire public, l'hommage per-

---

1. Vaissète, V, 62. Son récit est complété par certaines pièces des archives des B.-Pyr. E. 144.
2. *Ibid.*

sonnel de son fief à Charles VIII, et charge deux de ses parents, présents à la cour d'Amboise, de prêter au roi, en son nom, le serment féodal [1]. Louis XII, à son avénement, reçut encore l'hommage du sire d'Albret, pour le comté de Castres, comme pour tous ses autres fiefs, en réservant, suivant l'usage, le droit d'autrui et celui de la royauté.

Dans cette dernière restriction le roi ne voyait qu'une vaine formule ; mais ses agents y trouvèrent une approbation précise de leur conduite à l'égard des comtes de Castres. Le nouveau propriétaire du comté était encore moins aimé à Toulouse que le précédent, parce qu'il pouvait davantage et que son autorité féodale embrassait presque tout le Midi. Le moment eût été d'ailleurs mal choisi pour faire valoir contre lui les droits du domaine, car le mariage de sa fille avec César Borgia l'avait remis fort bien en cour. On se contenta donc, à Bordeaux, à Toulouse et à Paris, d'accueillir, faute de mieux, les réclamations des deux dames de Juge et des autres compétiteurs. Marie d'Albret, sa fille et son gendre se considéraient naturellement comme victimes d'une injuste spoliation et demandaient qu'on les reçût comme opposants à la vérification du don fait par Boffile au sire d'Albret. Le procès entre Alain et sa sœur ne fit, à vrai dire, que sommeiller dans les trois cours jusqu'en 1504. Alors seulement une certaine activité commença à se manifester de la part des magistrats ; la procédure fut poussée avec plus de vigueur ; on ordonna une enquête et

---

1. Arch. des B.-Pyr. E. 144. Lettre d'Alain, Castres, 17 nov. 1497.

un commissaire royal, envoyé de Paris, alla s'informer de la valeur exacte du comté de Castres [1].

C'est qu'au même moment s'agitait le procès du maréchal de Gié et que l'influence du sire d'Albret, accusé presque de complicité, déclinait sensiblement. Elle baissa encore avec d'autant plus de rapidité, les années suivantes, que les démêlés relatifs à l'alliance espagnole et à la souveraineté du Béarn dénotèrent clairement la mésintelligence de Louis XII et du roi de Navarre. Aussi vit-on le procès de Castres suivre une marche exactement parallèle. La justice se montra d'abord plus favorable aux requêtes des dames de Juge; bientôt même, lorsque la disgrâce des maisons d'Albret et de Navarre fut un fait avéré, le procureur général apparut de nouveau, comme demandeur, armé de son inflexible maxime sur l'inaliénabilité du domaine (1508). L'occasion était excellente pour les gens du roi. Le sire d'Albret, confiné dans sa Gascogne, n'osait plus venir à Paris où l'appelaient cependant ses affaires, de peur d'y rencontrer Louis XII et d'en recevoir mauvais accueil. Mais nous avons vu que ses solliciteurs le tenaient au courant des phases du procès. Le procureur général alléguait l'opposition secrète de 1478, inscrite au Parlement de Toulouse antérieurement à la vérification des lettres de Boffile. Le procureur d'Alain demanda que le registre où était couchée cette opposition lui fût montré. On s'y refusa toujours. « C'est que ladicte opposition n'est aux papiers de la cour, s'écrie l'homme d'affaires du sire

---

1. Arch. des B.-Pyr. E. 146.

d'Albret. — Elle s'y trouve, répliquent les gens du roi, mais « c'est ugne chose segrète et qui ne se doyt « monstrer » [1]. L'arrêt fut enfin rendu le 1er février 1509. Sans toucher au fond du débat, ni désigner le légitime possesseur du comté de Castres, le Parlement de Paris, ayant égard à l'opposition secrète de 1478, remettait le procureur général « au même droit et état « qu'il était au temps de son opposition et protesta-« tion [2] ». C'est-à-dire qu'en attendant le jugement définitif du procès, la jouissance du comté était enlevée au sire d'Albret, et que le fief allait être provisoirement administré par les officiers royaux. Ainsi procédait d'ordinaire la monarchie pour opérer ses conquêtes territoriales. Elle préludait à la réunion irrévocable par un séquestre qui se prolongeait indéfiniment et permettait à l'autorité royale de prendre racine dans le pays.

Le sire d'Albret ne pouvait se faire d'illusions sur les conséquences de cet arrêt. Le comté de Castres était perdu pour lui comme pour la féodalité. Ses hommes d'affaires essayèrent de le rassurer en lui faisant remarquer que la sentence d'expropriation ne s'appliquait ni à la baronnie de Lézignan, ni aux mobiliers des châteaux, ni même aux acquisitions que Boffile et lui pouvaient avoir faites depuis l'opposition du procureur général [3]. Ils lui rédigèrent une protestation qui portait sur ces différents points et devait ainsi

[1]. Arch. des B.-Pyr. E. 104 : Lettre de la Romagière au sire d'Albret.
[2]. Vaissète, V, 62. De Fos : Arrêt de réunion, etc. Lettres de la Romagière (E. 94, 104, 105).
[3]. E. 105 : Lettre de l'élu de Dreux (Paris, 23 février 1509).

empêcher ou différer l'exécution de l'arrêt. Mais le sire d'Orval conseilla sagement à son cousin de ne point aggraver sa situation vis-à-vis du roi en opposant une résistance inutile aux ordres de sa justice [1].

Plus de quatre mois s'écoulèrent encore avant la nomination du commissaire chargé d'exécuter la sentence, mais, l'arrêt une fois rendu, l'autorité du sire d'Albret, dans le comté de Castres, fut immédiatement attaquée. Malgré les représentations des officiers d'Alain, le procureur royal exigea que les actes seigneuriaux portassent : *le sire d'Albret soy disant conte de Castres* [2]. Déjà, s'il faut en croire une lettre adressée de Paris au sire d'Albret, les courtisans briguaient les emplois du comté. « Il y a ici troys gentilshommes qui « porssuivent avoyr offisses en la conté; l'un est le frère « de Saint-Morisse, qui demande la capitainerie de Lom-« bers; les autres s'apellent sainct Germain et Mont-« brun, qui sont des cent gentilshommes et près du « pais de Castres. Le roy leur à fait responsse qu'il ne « porvoyra à nul offisse que l'arrest ne soyt exécuté [3]. » Le commissaire désigné fut maître Picot, conseiller du Parlement, qui partit, en juin 1509, pour accomplir sa mission. Le sire d'Albret se demanda quelque temps s'il ne refuserait pas de livrer ses places, puis, se résigna prudemment à protester, le jour même de l'exécution, par la bouche de ses officiers de Castres.

Mais on vit alors combien l'autorité seigneuriale

---

1. E. 105 : Lettre de la Romagière (Paris, 28 avril 1509).
2. E. 104 : Lettre de Jehan Guillemet, officier de Castres (Toulouse, 9 avril 1509).
3. E. 104 : Lettre de la Romagière (28 avril).

était impopulaire dans le pays et quelle crainte respectueuse inspirait la volonté du roi. Tous les fonctionnaires du sire d'Albret refusèrent, l'un après l'autre, sous différents prétextes, de se trouver à Castres, à l'heure fixée par le commissaire, pour y défendre le droit de leur maître. Seul, le trésorier Pierre Martin, alors malade, se fit transporter sur la grande place de la ville, et là, plaida longuement les intérêts d'Alain contre le procureur du roi qui les attaquait. A entendre l'officier d'Albret, son adversaire « fut confondu sur le « champ et n'eust réplicque aucune valable, ains ne put « riens conforter ne justifier ». Mais le commissaire royal avait son opinion faite. Sans même daigner jeter un coup d'œil sur la protestation écrite du sire d'Albret, il le déclare « débouté de possession », institue, au nom du roi, les officiers du comté et reçoit le serment des consuls. Partout se fait entendre le cri de : vive le roy, *fore la lèbre!* (dehors le lièvre), allusion au nom de Lebret ou d'Albret. C'est en vain que Pierre Martin appelle « de l'abuz » devant le peuple rassemblé ; aucun notaire ne veut prendre acte de cet appel qui n'est recueilli que par un secrétaire d'Alain. Encore celui-ci dut-il écrire en cachette, « car l'on l'eust mys « en une fosse, s'il eust esté sceu qu'il en eust retenu « instrument [1]. »

La dépossession d'Alain d'Albret n'était, pour la royauté, qu'un acheminement vers un résultat plus décisif. La question de droit restait entière et les parties demandèrent avec instance que le procès fût

---

1. E. 104. Lettre de Pierre Martin au sire d'Albret (Lavaur).

jugé *au principal*. Les procureurs du sire d'Albret répétaient à leur maître « qu'il avait le meilleur droit du monde ». De leur côté, les deux dames de Juge, solliciteuses infatigables, assiégeaient tous les jours le Palais de justice et profitaient des séjours de Louis XII à Paris pour l'importuner de leurs requêtes [1]. Mais les gens du roi, maîtres du comté, ne se pressaient plus de vider l'affaire. L'avénement de François Ier détermina cependant, au détriment du sire d'Albret, toujours mal vu en cour, un progrès notable de la procédure. L'arrêt du 23 février 1515 écarte définitivement les prétentions d'Alain, qu'il déclare mal fondées. Il maintient Louise de Juge et Jean de Montferrand « en la possession et jouyssance » du comté de Castres, de la seigneurie de Lézignan et des autres terres données jadis à Boffile. Défense est faite au sire d'Albret de troubler et d'inquiéter les dames de Juge dans leurs droits. Il devra même leur restituer tout l'argent qu'il a tiré du comté depuis la mort de Boffile, sauf à tenir compte des sommes que reçut Marie d'Albret comme provision et des dépenses de réparation qu'il a faites lui-même dans le fief de Castres [2].

Ainsi était enlevée pour toujours à la maison d'Albret l'autorité qu'elle avait temporairement exercée sur les bords du Tarn et de l'Agout. Ce qui devait consoler Alain, c'est que ses adversaires ne pouvaient pas se féliciter beaucoup de son insuccès ; ils n'avaient gagné leur procès que pour le perdre presque aussitôt. Pure fiction judiciaire que ce maintien des

---

1. Lettres de la Romagière.
2. De Fos : Arrêt de réunion, etc., etc.

deux époux *en possession* du comté de Castres. Le roi tenait si bien l'objet du litige qu'il lui était impossible de s'en dessaisir. Restait en effet à examiner les droits du procureur général, le troisième et le plus redoutable des prétendants. Les débats recommencèrent en 1516 et, cette fois, fut traitée à fond l'importante question des fiefs et de l'inaliénabilité du domaine.

Reprenant l'affaire à son origine, le représentant de la royauté blâma l'étrange politique de Louis XI qui, après avoir pardonné trois fois au duc de Nemours et déclaré dans la transaction de 1468 sa volonté expresse d'incorporer pour toujours le comté de Castres au domaine, dépouillait lui-même sa couronne pour récompenser Boffile de Juge. « La pension perpétuelle de dix
« mille livres faite à cet Italien n'était-elle pas une ré-
« munération suffisante de ses services? Personne n'i-
« gnore que Boffile s'employa activement au procès de
« Nemours et siégea même parmi les juges qui con-
« damnèrent ce malheureux prince. Est-ce là le service
« qu'il fit valoir en sollicitant de Louis XI une partie
« des biens confisqués? La lettre de don a été vérifiée
« en Parlement, mais par contrainte et après que l'op-
« position du procureur général eut été dûment enre-
« gistrée. D'ailleurs une pareille cession est formelle-
« ment contraire à l'ordonnance générale et solennelle
« qui interdit toute aliénation des terres venues à la
« couronne par confiscation *nonobstant toutes lettres*
« *à ce contraires*. Cette ordonnance s'applique surtout
« aux terres frontières dont le roi ne peut être dépos-
« sédé sous quelque prétexte que ce soit. » Le procureur général conclut donc, « pour toutes ces raisons et

« autres qui pourraient être alléguées », contre les prétentions de Louise de Juge.

Celle-ci se défendit assez habilement. Son avocat mit d'abord en relief les éclatants services que Boffile avait rendus à la royauté. « Issu d'une des plus illus« tres familles italiennes, il n'a quitté la Sicile, où il « avait fondé une ville, que sur la prière expresse de « Louis XI et la promesse d'un établissement solide « en terre de France. Si le roi fut victorieux de l'Es« pagne et put conquérir le Roussillon, c'est à la pru« dence, vigilance et vaillance de Boffile qu'il a dû « ce brillant succès. Il l'en a récompensé en lui don« nant le comté de Castres et en lui faisant épouser « Marie d'Albret ; quoi de plus naturel ? En fait, Bof« file a prêté hommage pour ce fief ; il y fut installé « par un commissaire royal ; il en a joui pleinement « pendant toute sa vie. La lettre de don n'a-t-elle pas « été vérifiée à Toulouse ? On parle d'une transaction « signée par Louis XI et par le duc de Nemours : mais « quelle peut être la valeur d'un contrat passé entre « un roi tout-puissant et irrité et un vassal reconnu « coupable du crime de lèse-Majesté ? Celui-ci n'était « pas libre d'agir autrement. Quant aux dix mille « livres de rentes constituées comme pension à Boffile, « elles restent encore bien au-dessous du revenu de « huit mille ducats que le comte possédait dans son « pays natal. »

Passant ensuite à des considérations plus générales et d'un ordre plus élevé, le défenseur des dames de Juge expose, à sa manière, la théorie du droit royal en matière de confiscation : « On nous a opposé, dit-

« il, l'ordonnance générale qui interdit les aliénations
« du domaine. Mais il faut distinguer entre les terres
« qui font réellement partie du domaine de l'État et
« celles qui sont la propriété particulière du prince.
« Une seigneurie n'est pas unie à la couronne par cela
« même qu'elle est confisquée; pour l'incorporer au
« domaine, une déclaration spéciale du roi et de sa
« justice est, au préalable, nécessaire; mesure qui n'a
« pas été prise à l'égard du comté de Castres. Autre-
« ment, le bien confisqué appartient simplement au
« prince, qui a le droit d'en user comme des revenus
« du domaine, comme des possessions de sa famille.
« Un mari ne peut-il disposer, comme il l'entend, des
« fruits de la dot de sa femme et des acquisitions faites
« en commun ? Or il y a *mariage politique* entre le roi
« et la couronne de France; à ce titre, il est maître et
« seigneur des confiscations prononcées au profit de
« celle-ci, et n'a de compte à rendre, sur ce point, ni
« à l'État ni à ses successeurs. Du reste, le don fait à
« Boffile n'empêche pas le roi de demeurer le seigneur
« direct du pays de Castres. Il n'y a pas eu aliénation,
« mais seulement *inféodation* du comté. S'il est dé-
« fendu, par certaines ordonnances, d'aliéner ou de
« démembrer le domaine, d'autres édits royaux por-
« tent qu'il ne sera prononcé de confiscation que sur
« la sentence du juge compétent; que les biens con-
« fisqués, fussent des fiefs, ne doivent pas rester sous
« la régie de la couronne, mais qu'il faut, dans l'an-
« née, les inféoder à quelqu'un, afin que le royaume
« soit ainsi *fortifié et défendu* par un plus grand nombre
« de vassaux. »

Les gens du roi ne s'arrêtèrent pas à démêler ce qu'il y avait de vrai et de faux dans les arguments de leur adversaire. Laissant de côté la thèse générale, ils insistèrent avec raison sur le rôle odieux qu'avait joué Boffile au procès de Jacques d'Armagnac. Juge, il s'était fait attribuer une large part des dépouilles du condamné. L'avocat féodal, embarrassé, n'osa pas nier un fait notoire, et répondit qu'en ceci Boffile avait dû obéir aux ordres d'un roi dont on ne discutait pas les volontés. « En supposant même, ajouta-t-il, que « le droit du comte soit déclaré nul pour ce motif, sa « fille ne peut encourir le même reproche, et, comme « aux termes de la lettre de don, elle se trouve co- « propriétaire de la seigneurie avec son père, il faut « donc que la justice admette le bien fondé de sa ré- « clamation. » Une pareille raison donnait beau jeu au procureur général. Il n'eut pas de peine à montrer que la lettre royale s'appliquait exclusivement à Bof- file, en ce fait que les services personnels dont Louis XI voulait le rémunérer étaient l'unique cause de la do- nation [1].

C'est ainsi du moins que le parlement de Paris en- visagea la question. L'arrêt du 10 juin 1519 adjugea définitivement le comté de Castres au domaine royal. Telle fut l'issue de ce long débat où l'on vit la patiente opiniâtreté des magistrats et des fonctionnaires triompher, après quarante années de lutte, non-seu- lement des résistances féodales, mais encore des con- cessions et des tergiversations de la monarchie. Le

1. De Fos, *Arrêt de réunion*, etc.

26 mars 1521, en présence du commissaire du roi, Jean Prévost, conseiller du Parlement de Paris, les quatre consuls de Castres, agenouillés et touchant la croix, « juraient et promettaient d'êtres bons et loyaux « au roi leur seigneur, son bien procurer, ses maux « éviter, et si aucun ou aucune conspiraient contre « ledit seigneur, de le lui faire savoir ou à ses offi- « ciers [1]. »

La réunion du comté de Castres au domaine fut, après la mise en séquestre du pays de Gaure, l'atteinte la plus grave portée à la puissance d'Alain. Expulsée du Languedoc, la maison d'Albret était, au même moment, obligée de renoncer à l'Armagnac.

On a vu par quelle série de manœuvres déloyales le sire d'Albret était arrivé à supplanter le dernier héritier direct de ce comté. Charles VIII avait rétabli Charles d'Armagnac dans ses domaines; mais, à la mort de ce dernier, en 1496, le champ fut ouvert aux compétitions. Deux prétendants féodaux se présentèrent pour recueillir la succession : Alain, qui ne cessait pas de s'intituler comte d'Armagnac, et Charles, duc d'Alençon, tous deux issus par les femmes de la maison d'Armagnac. A côté d'eux, et pour les mettre d'accord, apparut l'inévitable procureur général, soutenant que, depuis la trahison du comte Jean V et la confiscation de ses biens, l'Armagnac appartenait au domaine royal et ne pouvait en être séparé [2]. Pendant que deux seigneurs rivaux recherchaient leurs titres

---

[1]. De Fos, *Procès-verbal du commissaire du roi.*
[2]. Coll. Doat, t. CCXXII, f° 291. *Réponse du procureur général du Parlement de Paris au procès pendant entre lui et le duc d'Alençon, et le sire d'Albret.*

et s'apprêtaient à les produire, la justice royale, comme toujours, commença par saisir le comté. Louis XII, arrivé au trône deux ans après, créa une sénéchaussée royale d'Armagnac, dont le siége fut fixé à Lectoure ; établit ses officiers dans toutes les châtellenies, et fit percevoir, par ses élus, les revenus du pays ainsi séquestré [1].

Le procès s'instruisit devant le parlement de Paris, qui discuta, sans se presser, les droits des trois compétiteurs, et resta plus de quinze ans avant de rendre un arrêt décisif [2]. Les lettres de la Romagière nous ont déjà montré qu'en cette circonstance le sire d'Albret n'eut guère à se louer de l'impartialité de Louis XII. Le roi favorisait presque ouvertement le duc d'Alençon, ami intime du jeune François d'Angoulême ; si bien que la maison d'Albret fut insensiblement écartée du débat et qu'en 1511, Charles d'Alençon ayant épousé Marguerite d'Orléans, sœur de l'héritier présomptif, le procureur général renonça aux droits de la royauté en faveur des deux époux et de leurs enfants. Alain, très-irrité de cet accord, qui ruinait ses espérances, n'osa pas recourir à Louis XII, « sachant », nous dit-il lui-même, « que ledit seigneur n'avait pas grande « volonté de fère plaisir à luy ne à sa maison » [3]. Mais il se plaignit avec amertume à la mère du futur François Ier, Louise de Savoie. Celle-ci « luy disoit toujours

---

1. Dom Vaissète, p. 69 et 199. — Maynard. *Notables et singulières questions du droict escrit*, Paris, 1628, p. 2121, 2122. — R. Chopin, *De dom. Fr.*, p. 72, 73.

2. Sur ce procès, voir aux arch. des B.-Pyr. les cartons E. 250, 251, 252, 253, 254.

3. Arch. des B.-Pyr. E. 110 : *Mémoire de ce que monsieur le cardinal aura à dire et remonstrer au Roy de par monseigneur*.

« qu'il temporisast, actendist le temps et eust patience » l'assurant que lorsque son fils serait roi de France « il auroit raison de tout et seroit traicté de toute « aultre sorte qu'il n'estoit pour lors[1]. » En attendant la réalisation de cette promesse presque royale, le sire d'Albret continua de plaider contre Alençon, inonda le Parlement de factums, de répliques et de tableaux généalogiques, enfin, conclut avec son rival un arrangement qui équivalait à une défaite. Des cinq seigneuries principales dont se composait le domaine d'Armagnac, il fut convenu qu'Alain n'en conserverait qu'une, la vicomté de Fézensac[2].

A ce moment, la mort de Louis XII laisse le trône au comte d'Angoulême. Le sire d'Albret vient à Amboise saluer le nouveau roi et sa mère, fait hommage de ses fiefs, et se prépare à parler de l'affaire d'Armagnac. Mais il est reçu avec froideur; Louise de Savoie se rappelle à peine ce qu'elle a pu dire à ce sujet, et François Ier est absorbé par les préoccupations que lui cause l'expédition projetée en Italie. Alain n'ose pas insister et revient au château de Nérac, séjour favori de sa vieillesse. Peu de temps après (1516), il recevait une lettre de François Ier qui *l'engageait* à se dessaisir du pays de Fezensac « veu le grand préju- « dice et intérêts que luy et ses successeurs, roy et « toute la chose publique de son royaulme auroyent « et pourroient avoir si la comté de Fezensac, qui est « pays de frontière et limitrophe, estait séparée de la « maison d'Armagnac[3]. »

1. E. 110, Mémoire, etc.
2. E. 250 et 255.
3. E. 110. Mémoire, etc.

Cette fois, le vieux sire d'Albret ne se contint plus. Il chargea son fils le cardinal d'aller porter en cour l'expression de sa légitime indignation. « Lorsqu'il « eust les dictes lectres, » nous dit-il lui-même, « il « avait nouvellement sceu le trépas du feu roy de « Navarre, son fils, qui luy furent nouvelles aussi ai-« gres et dures qu'il eust point peu avoir. Mais les « dictes lectres ne luy furent moins guères grièves veu « mesmement que ledit seigneur donne à entendre « que la comté de Fézensac, estant en pays limitro-« phe, ne seroit poinct seure entre ses mains. » Quel danger courent le roi et le royaume en lui laissant ce petit pays, faible dédommagement de sa renonciation à toute la succession d'Armagnac? Il ne pense pas « que luy ne ses prédecesseurs ayent fait chose ne « déliberé de fère, pourquoy l'on doyve avoir doubté « que Fézensac ne aultre piece de ce royaulme, en « quelque lieu qu'elle soit assise, ne puisse et doyve « demeurer en ses mains aussi seurement que d'aultre « home de France. » Ne possède-t-il pas des terres qui sont « beaucoup plus en pays limitrophe et en « frontière que ladite comté de Fézensac, dont n'est « poinct advenu inconvénient au royaume ? Et a esté « bien besoing que ayent esté ez mains de luy ou de « ses prédecesseurs, car la pluspart des villes et « places du roy au quartier de Gascongne estaient ez « mains des ennemys ; et celles de la maison d'Albret « tenoient pour la coronne. Et ont esté principale « cause de la redduction et conservation du demeu-« rant de Guyenne. » Si les conseillers qui ont dicté cette lettre au roi s'étaient rappelé « les bons et grans

« services que luy et ses prédécesseurs ont fait à la « coronne » ils auraient pensé autrement ; ni lui ni les siens n'ont jamais rien fait qui mérite une pareille défiance. « Et n'y a guères de maison en France de la-« quelle soit tant mort de personnaiges, pour le ser-« vice de la couronne, que de la maison d'Albret[1]. »

Une réclamation faite en termes si énergiques et presque éloquents, ne pouvait plaire à un roi absolu. L'Armagnac fut définitivement perdu pour Alain, comme l'avaient été le comté de Gaure, le comté de Castres et tant d'autres terres féodales de moindre importance. Peu soucieux de contenter le sire d'Albret, François et Louise de Savoie forçaient son petit-fils, Henri, le jeune roi de Navarre, à résider auprès d'eux, après avoir vainement essayé de se faire donner sa tutelle ; ils attaquaient tous les jours l'indépendance du Béarn reconnue cependant par Louis XII, en violant ses priviléges judiciaires : enfin, dans les négociations entamées avec Charles-Quint, à Noyon et à Montpellier, ils montraient aussi peu d'empressement que possible à demander cette restitution de la Navarre espagnole, objet des actives démarches d'Alain et de toute la famille d'Albret.

Tout concourait donc à assombrir les derniers jours de notre feudataire. Péniblement affecté de l'attitude hostile du souverain, attristé par la mort de son fils chéri, le cardinal (1520), il vit encore avec douleur échouer la seule tentative sérieuse qu'eût faite la royauté française pour reprendre à l'Espagne la con-

---

1. E. 110. Mémoire, etc.

quête de Ferdinand le Catholique. L'armée française commandée par Lesparre venait d'être repoussée devant Logroño, battue à Esquiros et rentrait en France, sans avoir même pu conserver Saint-Jean-Pied-de-Port (1521). La prise du château de Maya par les Espagnols (1522) acheva de désespérer le vieux sire d'Albret qui, déjà, agonisait au château de Casteljaloux, entouré de prêtres et revêtu de l'habit de saint François.

Le domaine d'Albret, violemment amoindri du côté de l'Espagne, entamé du côté de la France par la perte de trois importantes seigneuries, n'était-il pas en effet fatalement destiné à disparaître au profit des deux grandes nationalités qui le pressaient au nord et au sud? L'Espagne s'était incorporé la Navarre pour réaliser son unité nationale. La monarchie compacte et redoutable de François Ier s'avançait, elle aussi, pour toucher sa limite naturelle, les Pyrénées.

Cependant, il fallut encore presque un siècle pour que la Navarre française et ce qui restait du patrimoine de Foix et d'Albret, vinssent se perdre à leur tour dans ce domaine royal qui avait englouti tous les autres territoires féodaux. Alain lègue ses États à son petit-fils, Henri II (1522-1555). Mais on voit déjà que la maison d'Albret ne possède plus même une ombre d'indépendance. Henri II est un courtisan, le compagnon des plaisirs et des guerres de François Ier ; à Pavie, il se bat vaillamment à côté du maître et, comme lui, tombe au pouvoir des Espagnols; revenu en France, il devient le beau-frère du roi, par son mariage avec la célèbre Marguerite d'Orléans, déjà veuve du duc d'Alençon. Le dernier des grands feudataires français entre ainsi dans la famille des Valois et la faveur royale érige la seigneurie d'Albret en duché (1550); vaine marque d'honneur destinée à masquer la déchéance complète de l'antique souveraineté des Amanieu. Il semble que les successeurs d'Henri II, Jeanne d'Albret (1555-1572) et Henri III (1572-1589), soient encore parvenus, pendant la seconde moitié du xvie siècle, à ressaisir une apparence de liberté féodale, au moins dans le Béarn et la Navarre ; mais ce ne fut là, comme partout ailleurs, que le résultat éphémère de nos guerres de religion. L'Albret se confondait si étroitement avec la France et l'absorption du Midi dans le domaine était si bien accomplie en fait, qu'en 1589, le dernier seigneur d'Albret, succéda aux Valois sous le nom d'Henri IV. La réunion officielle des pays gascons et pyrénéens, proclamée en 1607 et en 1620, constituait définitivement l'unité territoriale de la monarchie.

CONCLUSION

Résultat immédiat de cette étude et réflexions générales qu'elle provoque. — Persistance des priviléges féodaux, dans le Midi surtout. — La chute des pouvoirs seigneuriaux, due beaucoup moins aux monarques qu'à leurs agents. — La féodalité succombe sous les efforts combinés de la royauté et des villes.

Il nous a paru intéressant de montrer, dans la vie publique et privée d'un grand seigneur du xve siècle, la décadence de toute la classe féodale à cette époque. Placés, par notre sujet même, en dehors des crises violentes et des sanglantes exécutions qui accompagnèrent, sous Louis XI surtout, la chute de tant de familles princières, nous avons pu étudier l'action continue des idées et des institutions monarchiques s'exerçant, dans les circonstances les plus régulières, sur un feudataire d'humeur peu belliqueuse, sur une maison seigneuriale que son passé et ses intérêts rattachaient étroitement à la dynastie. Nous avons examiné, en prenant pour exemple Alain et la seigneurie d'Albret, comment la royauté, favorisée par l'appauvrissement même de la noblesse que ruinent les dettes et les procès et soutenue par la population des villes et des campagnes, dépouillait les souverains féodaux de leur indépendance, de leurs prérogatives, de leurs domaines, et préparait ainsi l'absorption de leur fief au sein de la grande unité française.

C'est, avant tout, par l'abondance des détails empruntés directement aux sources contemporaines, qu'il importe d'expliquer et, en quelque sorte, de faire toucher du doigt cette curieuse transformation d'un état féodal en monarchie, d'un pays désagrégé par l'anarchie et la guerre étrangère en une nation homogène et fortement unie sous la main de ses rois. Les détails ne sont-ils pas la couleur et la vie même de l'histoire? Ceux que nous venons de donner ne concernent, il est vrai, qu'un épisode du combat engagé par la royauté française contre la féodalité du xve siècle; mais cet épisode suffit à nous faire juger de l'ensemble de la lutte, car les procédés de la monarchie ne variaient guère; l'histoire de la maison d'Albret, sous Alain le Grand, nous révèle sans doute ce qui se passait partout ailleurs, à la même époque, dans le monde féodal.

Tel est le résultat immédiat qui se dégage de cette étude : mais elle peut donner lieu, en outre, à des observations générales sur lesquelles on nous permettra d'insister.

Elle montre d'abord avec évidence que la victoire du roi fut moins prompte, et la résistance des seigneurs plus opiniâtre et plus longue que ne l'admet l'opinion commune. Le Midi, à cet égard, est loin de présenter le même spectacle que les autres parties du territoire; l'opposition féodale y apparaît plus tenace, parce que la monarchie est plus éloignée, et que l'influence administrative, récemment établie dans le pays par la réorganisation du Parlement de Toulouse (1444) et la création du Parlement de Bordeaux (1462), n'a pas encore eu le temps de se faire énergiquement sentir. Les barons se battent dans le Languedoc et les Pyrénées jusque sous le règne de Louis XII, alors que l'ère des guerres privées est close, partout ailleurs, depuis longtemps. Les ordonnances royales sur les gens de guerre et sur la taille sont violées par eux ou leurs sujets, au moment même où l'absolutisme vient siéger à Chambord avec François Ier. Tant il est vrai que les habitudes invétérées de l'aristocratie ne disparurent pas, comme on l'écrit encore trop aisément, déracinées par la main énergique d'un Charles VII et d'un Louis XI! Même après les terribles leçons que ces deux souverains donnèrent l'un après l'autre à la féodalité, le débat continua entre leurs successeurs et les grands vassaux. S'il n'y eut plus de coalition générale contre le roi, on vit les résistances individuelles et locales se prolonger, sur un terrain, il est vrai, plus limité, bien au delà de la fin du XVe siècle et pour le maintien de prérogatives que l'opinion publique et les légistes considéraient, depuis longtemps, comme appartenant sans conteste à la royauté. Qu'on ne se fie donc pas uniquement aux théories des jurisconsultes, aux fières déclarations des magistrats, aux prohibitions formelles des ordonnances : les faits n'y répondent pas toujours. L'histoire des institutions monarchiques, au XVe siècle, ne permet de juger de l'état réel de la France à cette époque qu'autant qu'elle est éclairée et contrôlée par l'histoire des maisons féodales étudiées, comme nous venons de le faire pour l'Albret, dans leurs relations complexes avec la royauté.

Cependant, gardons-nous de rien exagérer. Dès le règne de Louis XI, il est incontestable que la féodalité non-seulement est abandonnée par l'opinion, mais reconnaît elle-même son impuissance. Si elle résiste encore longtemps, en fait, aux empiétements du pouvoir central, elle cesse d'avouer ses prétentions et n'ose plus, dans les circonstances solennelles, revendiquer ses anciennes prérogatives. Appelés en 1484, aux États de Tours, à proclamer leurs griefs, composant presque le tiers de l'assemblée, les barons présentent des réclamations qui paraissent, sinon insignifiantes, au moins singulièrement disproportionnées avec les pertes qu'ils ont subies. Eux, les principales victimes de l'absolutisme de Louis XI, se bornent à demander qu'on leur permette de racheter leurs biens hypothéqués ou vendus, qu'on les emploie à la garde des places frontières, qu'ils soient autorisés « a mener avec eux leurs vassaux et que ces derniers « ne puissent être contraints par baillis et sénéchaux « d'aller servir le roi, ailleurs qu'en la compagnie de « leur seigneur. » Seule cette dernière requête offrait quelque importance, puisqu'elle visait à renverser l'organisation militaire établie par Charles VII. Mais n'attendait-on pas de la féodalité, au lieu du maigre chapitre qui lui est consacré dans le cahier des États, une liste formidable de revendications judiciaires et politiques ? C'est que le courant des idées lui est contraire. Contente de retenir, comme nous l'avons vu, quelques-unes de ses prérogatives, elle a compris qu'il ne lui est plus permis de les réclamer hautement.

Un autre signe certain de la décadence féodale, c'est la rédaction et la publication des coutumes; œuvre gigantesque, annoncée par Charles VII en 1453, commencée par Charles VIII en 1488, poursuivie et complétée surtout par Louis XII et François Ier. La rédaction des coutumes consommera légalement et minutieusement la destruction de ces pouvoirs féodaux que les agents royaux attaquaient partout avec tant d'énergie et de persévérance. Il suffit, pour en être convaincu, de jeter les yeux sur les procès-verbaux qui accompagnent le texte de certaines coutumes; documents peu connus et qui devraient, cependant, intéresser l'historien au moins autant que le jurisconsulte. On y voit les droits seigneuriaux discutés dans les plus infimes détails, attaqués et défendus avec vivacité par les gens du roi et les barons. Les nobles, presque toujours vaincus, n'en sont pas moins obligés de sanctionner de leur signature l'acte législatif qui limite leur autorité. Ainsi, le sire d'Albret approuve, en 1508, la coutume de Dreux; en 1520, comme seigneur de Vayres, il signe la coutume du pays Bordelais.

Si donc la vie d'Alain et l'histoire du Midi sous sa domination prouvent que la querelle engagée entre la royauté et la féodalité ne se termine pas absolument à la dernière bataille de la dernière coalition féodale; d'autre part, la biographie même de ce feudataire contribue certainement à montrer que, dès la fin du règne de Charles VIII, la noblesse ne compte plus en France, comme puissance politique.

A qui est dû ce résultat considérable? Sur ce point, l'examen détaillé des rapports de la maison d'Albret avec l'administration royale confirme exactement un fait que l'histoire générale a déjà constaté, mais dont il importerait de donner, à l'aide des documents locaux, une démonstration plus précise et plus développée.

C'est que la disparition progressive de l'indépendance féodale, des pouvoirs et des domaines seigneuriaux est due beaucoup moins à l'énergie propre des rois, qu'au zèle persévérant des nombreux fonctionnaires chargés, depuis saint Louis et Philippe-le-Bel, de fonder en France la monarchie absolue. Rappelons-nous le rôle vacillant qu'ont joué le monarque et son conseil dans les affaires de Gaure et de Castres, et nous aboutirons forcément à cette conclusion. En effet, le caractère léger du prince ou les nécessités momentanées de la politique générale pouvaient amener la royauté à se relâcher de ses règles ordinaires et à laisser fléchir les principes. Au contraire, ses agents, toujours éveillés et en présence de l'ennemi, n'étaient point détournés de l'œuvre présente par les soucis de l'avenir et poursuivaient leur but avec passion. Au centre, la Chambre des comptes et le Parlement de Paris : sur tous les points du territoire, les Parlements provinciaux, les baillis, les prévôts, les juges et les sergents, milice pleine d'une ardeur fanatique, tels furent les véritables, les constants ennemis du sire d'Albret, comme de tous les souverains féodaux. S'il faut attribuer à la royauté l'unité de plan que dénote la longue guerre entreprise par le pouvoir central contre la féodalité, c'est aux légistes, aux officiers de justice et de finance, à ces roturiers instruits et pénétrés des maximes du droit romain que reviennent la constance des vues, l'activité infatigable et, en grande partie, l'honneur d'avoir mené l'œuvre à bonne fin! L'histoire d'Alain nous prouve, en effet, à chaque page, que la personnalité royale, loin de venir constamment en aide à ses agents, les a fréquemment entravés par des concessions imprudentes ou faites à des besoins temporaires dont elle seule pouvait avoir le sentiment; que, en vue d'intérêts pécuniaires ou politiques plus ou moins bien entendus, elle a retardé à plusieurs reprises ses progrès et son avenir, et que, enfin, elle s'est dirigée quelquefois sans idées arrêtées, par passion ou par caprice, oublieuse de sa mission jusqu'à se donner les plus singuliers démentis.

Heureusement pour les Valois que les inclinations de la classe roturière venaient encore seconder leurs officiers. Les historiens et les philosophes peuvent différer d'avis sur l'utilité et la portée de la révolution qui, à la fin du xve siècle, substitua la monarchie absolue au régime féodal. Il est permis de se demander si cette concentration de toutes les forces nationales entre les mains d'une seule famille, si cette abdication d'un peuple entier en faveur de la monarchie, ont été de tous points favorables au développement de la civilisation et aux vrais intérêts du pays. Ce qui nous semble moins contestable et nous paraît ressortir de notre étude même, c'est la tendance spontanée des populations urbaines et rurales à quitter la domination féodale pour se livrer à la royauté. Les conséquences du fait sont discutables, le fait assurément ne l'est point. Si le seigneur d'Albret et, en sa personne, la féodalité tout entière, fut presque partout malheureux dans sa résistance aux empiétements monarchiques, c'est qu'il lui fallut se débattre à la fois contre l'hostilité de l'administration royale et contre la malveillance de ses propres sujets. Il succomba, pris, comme les autres feudataires, entre deux haines également persévérantes, celle du peuple et celle des fonctionnaires de la royauté.

FIN

TABLE DES MATIÈRES

INTRODUCTION.

Transformation de la France féodale en France monarchique, à la fin du xve siècle et au commencement du xvie. — Détails précieux que peut fournir, sur cette révolution, l'histoire approfondie des provinces, des villes et des maisons seigneuriales. — Intérêt que présente, à ce point de vue, l'histoire de la maison d'Albret sous la seigneurie d'Alain, dit le Grand................................ 1

CHAPITRE I.

Le sire d'Albret, sa vie politique, ses rapports avec les rois de France.

Origines de la maison d'Albret. — Les prédécesseurs d'Alain. — Portrait de ce feudataire. — Ses domaines. — Amitié qui l'unit à Louis XI. — Mariage de son fils aîné, Jean, avec Catherine de Foix, reine de Navarre. — Ambition d'Alain ; sa conduite inhumaine à l'égard de Charles d'Armagnac. — Il entre dans la coalition féodale de 1487 et prend une part active à la Guerre Folle. — Craintes que lui inspire l'avénement de Louis XII. — Il marie sa fille Charlotte à César Borgia. — Son fils, Amanieu, est nommé cardinal ; caractère de ce prélat. — Commencement de la disgrâce du sire d'Albret. Le procès du maréchal de Gié. — Louis XII et le roi de Navarre. — Le sire d'Albret, tuteur de son petit-fils, Henri II, sous le règne de François Ier. — Ses derniers actes. — Caractère général de ses relations avec les rois de France. — Causes principales de la décadence du fief d'Albret sous la seigneurie d'Alain... 9

CHAPITRE II.

La détresse féodale. Alain, pensionnaire de la royauté et capitaine de l'ordonnance.

Appauvrissement de la noblesse à l'époque d'Alain. — Dépenses ordinaires du sire d'Albret. Entretien de son hôtel. — Toilettes de la dame d'Albret. — Dépenses extraordinaires. — Administration du fief. — Evaluation du revenu d'Alain ; insuffisance de ses ressources. — Emprunts, engagements et ventes. — Alain et Philippe de Commines. — Les pensions du sire d'Albret. — Ses fonctions dans l'armée royale. — Conséquences politiques de cette pénurie des seigneurs.. 47

CHAPITRE III.

Les procès d'Albret et la justice royale.

La multiplicité des procès, nouvelle cause de ruine pour le fief. — Procès soutenus par Alain contre les particuliers. — Litiges relatifs à la propriété des châtellenies et aux droits féodaux. — Contestations pécuniaires. Alain, Yvon Dufou et Louis XI. — Procès concernant les grandes seigneuries. — La succession de Blois-Bretagne,

Périgord, Limousin, Avesnes. — Jean, sire d'Orval, et le comté de Dreux. — Arbitrage du sire d'Albret dans la querelle de ses deux fils, Jean et Amanieu. — Les hommes d'affaires ou les *solliciteurs* d'Alain. — Correspondance de Charles de la Romagière; détails curieux qu'elle nous fournit sur les procès d'Alain et ses démêlés avec Louis XII. — Influence de ce souverain sur le Parlement de Paris. — Dépendance étroite des seigneurs vis-à-vis de la royauté, toute-puissante en matière de justice.......... 79

CHAPITRE IV.

Lutte du sire d'Albret contre les municipalités.

Tendance générale de la population des villes et des campagnes à rejeter la domination féodale pour se livrer à la royauté. — Rapports hostiles du sire d'Albret avec Casteljaloux, Nérac, Ribérac, Limoges, Brives et Bordeaux, que soutiennent les officiers royaux et les Parlements. — Le droit de péage. — Longue querelle de Charles II et d'Alain, sires d'Albret, avec le bourg de Fleurance et le pays de Gaure, en Armagnac (1425-1506)............... 119

CHAPITRE V.

Les gens du roi et les pouvoirs féodaux.

Disparition des prérogatives féodales, sous Charles VII et ses successeurs. — Prétentions de la royauté. — Le sire d'Albret invoque les priviléges de sa maison contre les empiétements des fonctionnaires royaux. — Réclamations de Jean d'Albret, comme vicomte de Limoges. — Alain dispute à la royauté le droit de franc-fief et d'amortissement. — Le droit d'imposer, exclusivement revendiqué par la monarchie; résistance des seigneurs et des populations du Midi. Une révolte de paysans dans l'Agenais. — Le droit de guerre privée. Le sire d'Albret et la guerre privée du Languedoc (1484-1512). — Haine des feudataires pour les agents royaux, destructeurs acharnés des prérogatives seigneuriales.............. 159

CHAPITRE VI.

Le domaine royal et le domaine d'Albret.

Les fonctionnaires et le domaine royal. — Théorie des légistes. — Pertes subies par le domaine d'Albret sous la seigneurie d'Alain. — Histoire d'une acquisition royale. Le procès relatif au comté de Castres (1473-1519). Boffile de Juge et Alain d'Albret. — Le procès d'Armagnac; Alain et le duc d'Alençon. — Le sire d'Albret joué par Louise de Savoie et François Ier. — Perte définitive de la Navarre espagnole. — La maison d'Albret, sous les successeurs d'Alain. — Réunion de la Navarre et de l'Albret à la couronne. 197

CONCLUSION.

Résultat immédiat de cette étude et réflexions générales qu'elle provoque. — Persistance des priviléges féodaux, dans le Midi surtout. — La chute des pouvoirs seigneuriaux, due beaucoup moins aux monarques qu'à leurs agents. — La féodalité succombe sous les efforts combinés de la royauté et des villes................ 230

COULOMMIERS. — Typ. ALBERT PONSOT et P. BRODARD.

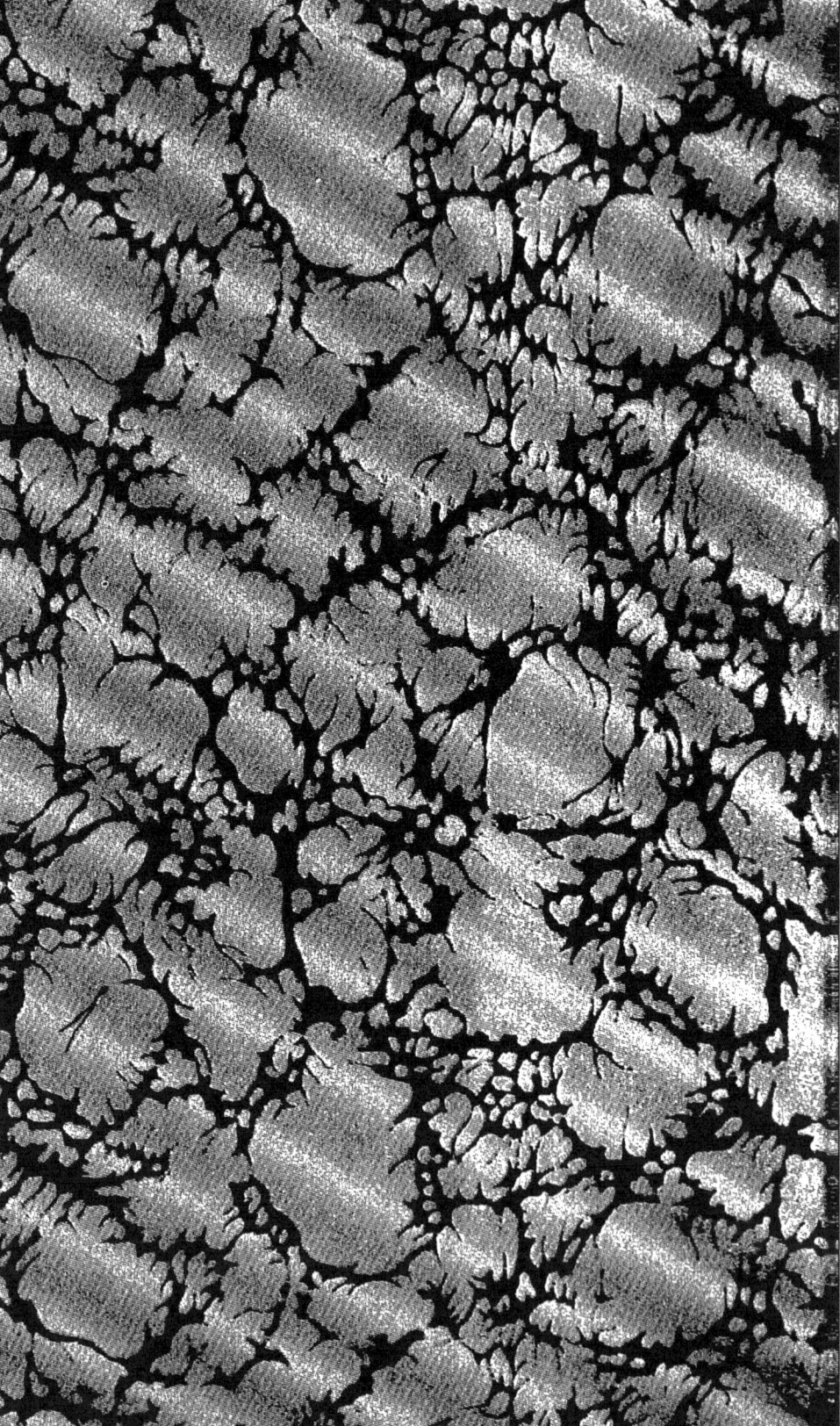

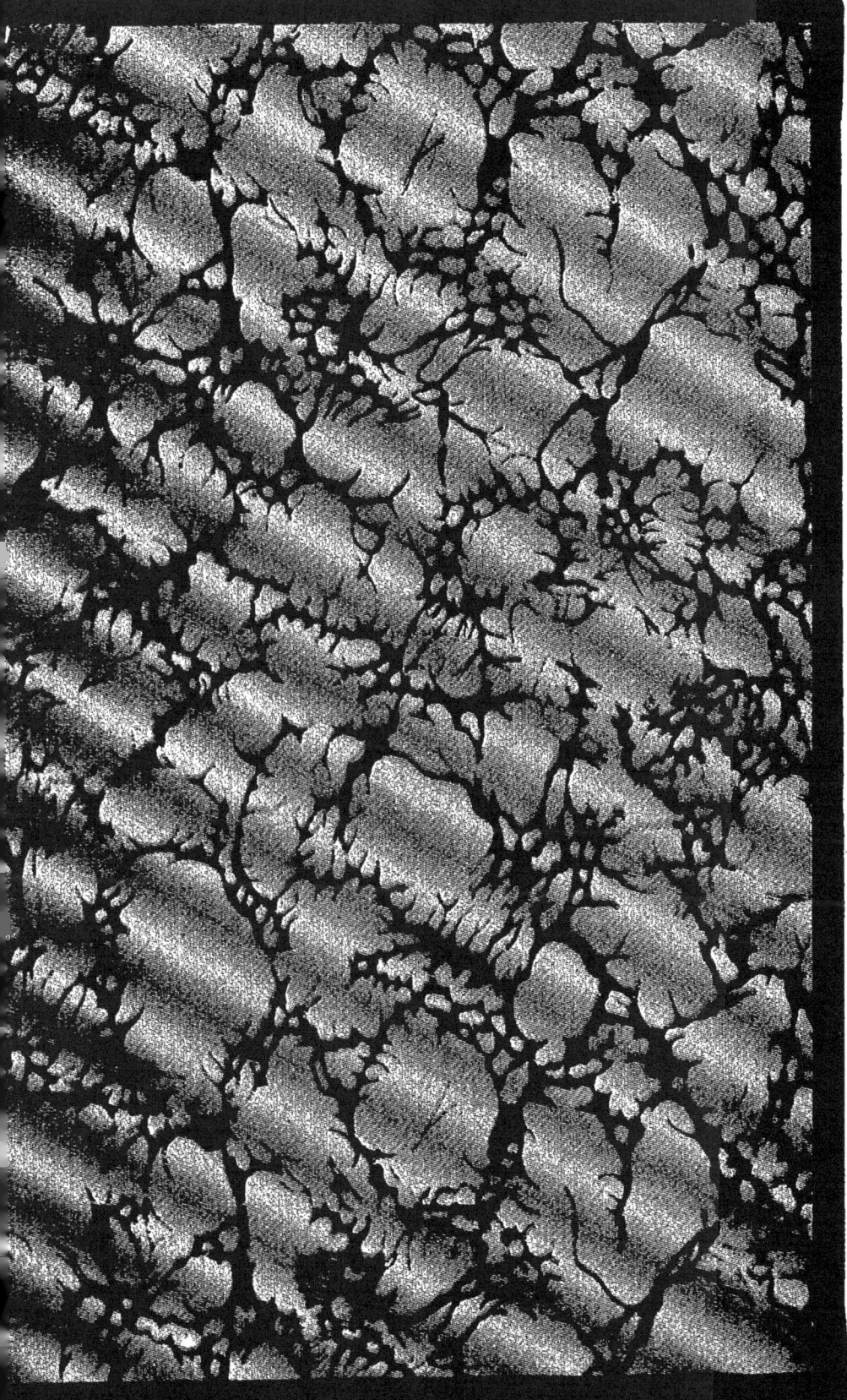

www.ingramcontent.com/pod-product-compliance
Lightning Source LLC
Chambersburg PA
CBHW050347170426
43200CB00009BA/1760